1万人を指導した塾講師が伝える
本当に伸びる子の習慣

子どもの未来のために

# 大人ができる50のこと

岡崎正忠 岡崎塾 代表

マネジメント社

「子どもにはいい教育を与えたい」
「ちゃんと勉強して学力を伸ばしてほしい」
そして……
「わが子に幸せな人生を歩んでほしい」

本書を手にとったということは、
あなたもそんな想いを抱いているはずです。
お父さん、お母さんが
かつて進学校から大学に進んだのなら、
きっとわが子にも同じルートを歩ませたいことでしょう。

「子どものころ、もっと勉強しておけばよかった……」
と後悔しているお父さん、お母さんは、
わが子には同じ思いをさせたくない
と思っているかもしれません。
それなのに……
なぜ、わが子は勉強してくれないのか？
親の心子知らずといいますが、
子どもは親の思い通りには行動してくれません。

親の理想と子どもの現実、
この2つには大きなギャップがあるのです。

子どもは
右へ行っては壁にぶつかり、
左に行ってはつまずいて転びます。

子どものふがいなさにイライラして
怒ってしまったことがあるかもしれません。
「早くおいで！」
と、強引に手を引っ張ったことがあるかもしれません。
とりわけはじめての子育てでは、
やることなすことはじめてのことばかりです。
親が良かれと思ってやることが、
裏目に出てしまうこともあります。
何をどうすればいいのか戸惑うことも多いはずです。

わが子のために、
一度、ここで立ち止まってみませんか？
子どもはまだ成長の途中、
いわば芽が出たばかりの苗です。

陽の光をたっぷり当てて、
栄養をあげて、
適度に水まきをしてあげれば、
自ら大きく成長していきます。

子どもを伸ばすために親ができることは、
決して難しくはありません。
ひと言で表すとこれだけです。

「背中を押す」

ただし、押し方や押す強さにはコツがあります。
誰でも、子どもを伸ばす親になれる
やり方やヒントをお伝えします。

contents

## 第2章 生徒1万人との二者面談から見えてきた親のあるべき姿



## 第3章 成果が上がる岡崎式勉強法

## 第4章 教えるのが上手な人の共通点

## 第5章 いい先生、いい指導法とは

はじめに

# わかりやすく教えると、子どもは伸びない!?

わかりやすく教えるのがいい先生――。そんなふうに思っていませんか?

私は全国展開している大手予備校の講師や公立中学校の英語教師を経て、今は岡崎塾の塾長を務めています。これまで、小学生から高校生まで、ざっと1万人以上の子どもたちに勉強を教えてきました。そして、わかりやすい授業づくりを追求して授業力を高めることに心血を注いできました。結果的に、予備校講師時代は生徒からのアンケート調査でトップクラスの評価を得ていました。

ところが、あるとき、次のことに気づきました。わかりやすい授業をすればするほど、子どもたちの成績が伸びないのです。確かに、授業力は先生にとって重要なスキルです。先生は教え上手に越したことはありません。ところが、先生が教えすぎると、子どもは自ら考えなくなってしまいます。

「魚を与えるのではなく、釣り方を教えよ」

これは、老子の格言とされています。人に魚を与えれば1日の糧になりますが、それでお終いです。魚を捕る人がいなくなったら、なす術がありません。ところが、釣り方を教えれば、自分の力で魚を捕って、一生食べていけるようになるのです。

大切なのは、大人が上手に教えることではなく、子どもに**「わかった!」「できた!」という感覚を味わわせること**です。子どもが自ら学び、自ら考え、自ら人生を切り拓いていく力を伸ばしていくことこそが教育なのです。

## 生徒は担任の先生を選べない

「A先生のクラスで良かったね!」。「今年はハズレだわ～」。クラス担任の先生が発表される毎年4月の年度はじめ、全国の親子から悲喜こもごもの声が聞かれます。

私は7年の間、公立中学校の教師をしていたからよくわかりますが、親御さんはクラス担任が誰かをとても気にしています。塾を経営している今、親御さんと話していると、学校批判や担任批判が聞かれます。たとえば、宿題の量や学級通信の発行頻度、先生の熱心さなどに不満を持つ親御さんが少なくありません。私自身、クラス担任や部活動の顧問を経験しながら、どういったクラス運営、部活動運営がいいのか試行錯誤していました。「岡﨑先生が担任で良かった」と言われたいと思っていたものです。

対して塾の先生に対する親御さんの見方は、学校の先生とは比べものにならないくらいシビアです。親御さんからすると、気に入らない塾はやめさせてしまえばいいからです。地域の親御さんたちから支持されなければ、塾経営は成り立ちません。塾は、地域に数ある競合の中から選んでもらわなければ生き残れないからです。

お子さんも親御さんも、塾は選べますが、担任は選べません。だからこそ、私は担任格差がなくなってほしいと強く願っています。学校教師も、塾の先生も、そして親も、子どもたちに関わる大人たちはみな、もっと信頼される指導者を目指すべきだと思っています。

## なぜ、子どもは前向きに学ばないのか？

子どもは担任を選べませんが、親のことも選べません。

担任は当たり外れがあるといっても、1～2年で代わります。しかし、親とは一生のつき合いです。子どもが最も接する時間が長いのが親です。先生以上に親とのコミュニケーションの質が高いかどうかが子どもの能力を左右します。「賢い子どもが育つ家庭は、親のコミュニケーションスキルが高い」といわれるくらいです。

東大生の親は子どもに「なぜ？」を問う頻度が高いそうです。たとえば「勉強しなさい」とは言わずに「なぜ勉強しないの？」と聞くといった具合です。子どもの答えが「なぜ」の理由になっているかどうか、親が指摘するところからコミュニケーションが生まれます。同時に、東大生の親は子どもの「なぜ？」も大切にするそうです。子どもの疑問に面倒がらずに丁寧に答えるといいます。「なぜ？」という好奇心こそ、さまざまな能力を伸ばす原動力になるのです。

子どもにとって最も身近で影響を受ける手本は親です。親は子どもにとっての「生きた教科書」です。子どもは、親が知的好奇心をもつ姿を見て、刺激を受けます。親が学んでいる姿を見れば、子どもは自ら学ぶようになります。親が何かに没頭する姿を子どもに見せるというのは本当に大事だと思います。子どもは親が「言った通り」には育ちません。**親が「したように」育つ**のです。

# 人として大切にしたい8つのこと

私は、次の8つのことが人として大事なことだと考えています。

1 いつも明るく、相手に元気を与えるような挨拶を自分からすること。

2 すべてのことに「お願いします」と謙虚な気持ちで取り組むこと。

3 常に感謝の心を持つこと。

4 「しんどい」「ムリ」「ダルい」などの〝マイナス発言〟は、みんなの前ではもちろん、自分一人のときも口に出さないこと。

5 自身の能力・可能性に自分で〝限界ライン〟を引かないこと。「自分ならできる」と心の底から思うこと。

6 高い目標と目の前の目標を期限付きで具体的に掲げ、地道な努力を続けること。

7 人を喜ばせる、人を幸せにすることが自分の幸せだと考えること。

8 人と比較せず、また自分の価値観を一方的に人に押しつけることなく、思いやりのある人間関係を築いていくこと。

この８つは、子どもたちはもちろんですが、それ以上に子どもたちを指導する者として常に心がけておきたいものです。

親としての心構えで大事なのは、第１にありのままの姿を分析することです。たとえばお子さんへの声掛けに失敗しても、自分を責めすぎず、次に活かすことのみを考えることが大切です。第２に顔つきが重要です。常に頼もしさとにこやかな笑顔を忘れないでください。お子さんと接するとき、親御さんの笑顔が信頼関係の基礎にあるわけです。第３にお子さんが話す機会をしっかり与えることです。お子さんとは、価値観の違いが大きいので、話を共感的に聞くことが大切です。決して親だからといって上から目線になることなく、お子さんの本音に歩みより「そうだよね」と共感的に耳を傾けてください。そうすることで親への信頼感がアップします。

最後は、お子さんの存在や価値をしっかりと認めることです。ほとんどのお子さんは承認欲求が強い傾向があります。ご家庭では、みんなの前でほめてあげることが必要です。そうすることで活性化し、お子さん自身の長所が伸びていきます。

学校や塾の先生が指導者であるように、親もまた指導者です。ぜひ、本書を子どもとの接し方や指導の仕方を考えるきっかけにしてほしいと思っています。

# 第1章

# 大人の指導力で子どもは成長する

# 01

# 大人の指導力は「経験値」から生まれる

## 15種類のアルバイト経験が糧に

甲子園球場のビールの売り子やスポーツジムのインストラクター、ショットバーのバーテンダー、ハンバーグステーキ店のホールスタッフ、引っ越し補助、花屋・ドラッグストア・コンビニの店員、そして英検関係に塾講師、家庭教師……。

これらは、私が学生時代に経験したアルバイトの一部です。数えてみたら、15種類にのぼりました。

短期間のアルバイトもありましたが、なかでも3年半続けたのが甲子園球場のビールの売り子です。今はリュック式のビールサーバーを背負うスタイルですが、当時は缶ビールをカップに注いで売っていました。缶ビールを並べたカゴはサーバーと違って背負うわけにはいきません。とても重いことから、男性の売り子が多かったのです。大学生活の前半で野球に打ち込んでいた私は、スタンドの階段を上り下りして下半身を鍛えながらお金を稼げて、人とのコミュニーケーション能力も身に付き、プロ野球を観ながら人間力を磨けるのは、おトクな仕事だと思って続けていました。

100人くらいの売り子スタッフのうち、私はいつも売り上げ3位以内でした。

売れる人と売れない人の違いは何か？　どのようにするとたくさん買ってもらえるのか？　どのように接客すると喜ばれるのか？　など研究をしていました。そこで導きだされた答えは、愛想とタイミングです。ビールをよく買うお客さんの顔を覚えて、意図的に目を合わせるなど、自分なりに工夫しました。また、コップが空になったタイミングを見計らうなど、広い視野を持って対応していました。今思うと、売り子の仕事を通して相手が求めることを察知したり、心をつかむ術を学びました。

子どもは十人十色です。明るいお子さんもいれば、おとなしいお子さんもいます。まじめなお子さんもいれば、冗談をよく言うお子さんもいます。家庭環境もさまざまです。そうした子どもたちを指導する学校教師や塾経営者になってみて、多様なことを経験してきて本当によかったと思います。私の心の引き出しには、**子どもたちにリアルな体験を語る材料が豊富にある**からです。

私は、『日本ゆめ教育協会』のドリームファシリテーター（協会認定資格者）として、子どもたちの夢探しをサポートする活動をしています。

子どもたちを見ていると、日ごろ接点のある大人が少ないと感じます。とくに田舎の子どもたちは、多様な職業を目にする機会が少ないです。そうした子どもたちに、自分自身の体験を踏まえていろいろな職業のことを話せるのです。

## どんな親も経験値は子どもに勝る

学校教師の場合、大学を出てすぐに就職すると、実社会を経験していません。アルバイト経験があるといっても、塾講師や家庭教師が多いです。学校教師が視野が狭くなったり、公務員特有のゆるみが出てしまったりするのは、経験値が少ないのが原因の1つだと思います。経験値という点ではどの親御さんにも、アルバイトや社会人の経験があるはずです。受験で合格も不合格も味わった親御さんがほとんどでしょうし、スポーツや趣味、旅行の経験もあるでしょう。どんな親御さんでも子どもに勝るのは経験値です。この**経験値こそ、子どもを指導する大きな力**になるのです。

多様な経験が指導力を高める。

# 02

# 大人はすごいを子どもに伝える

## 大人のすごさは第三者に伝えてもらうと効果的

授業の冒頭、生徒たちに宿題のワークの提出を求めたときのことです。ある生徒がワークを提出しませんでした。私が「宿題をやらなかったの？」と問い掛けると、生徒は「宿題はやったけど、ワークを持ってくるのを忘れました」と答えました。私は、生徒の表情からうそを見抜きました。「かばんを開けて中を見せて」と言うと、かばんの中から宿題をやっていないワークが出てきたのです。そんなとき、生徒は「この先生にはうそをつけない」「この先生、すごい」と思うのです。

また、予備校に勤めていたとき、返却するテストの解答用紙の端に「こういうことを頑張っていこうね」「次回はこういうことに気をつけようね」と全員にメッセージを書いていました。すると、生徒アンケートに「こんなことをしてくれる先生はいない。岡崎先生に出会えてよかった」と記されていました。

この２つのエピソードからわかるのは、生徒たちは「自分のことをよく見てくれている先生はすごい」と思っているということです。

ただし、よく見ているだけでは、相手にそのことが伝わりません。そこで効果的なのが**第三者が伝えること**です。たとえば、新卒でまだ授業の回数が少ない先生がいるとします。私なら「君たちのことを思って、夜遅くまで授業の準備をしておられたよ。あの先生の想いのこもった授業を受けられてみんなは幸せだな」と、あえて生徒たちに言うことがあります。そうすれば、新人の先生を見る生徒たちの目が変わります。

## 親のありがたみを伝える

私の塾の月謝は今は自動引き落としですが、開業した当初は手渡しでした。月謝封筒による手渡しなら、生徒たちは親御さんが塾にお金を払っていることを実感できます。しかし、自動引き落としになると、子どもはお金を目にしません。親が自分のために大切な月謝を払ってくれているという感覚が希薄になってしまうのです。

親御さんは一生懸命働いて、稼いだお金で買い物をしたり、ご飯をつくったり、レジャーに連れて行ったりします。しかし、親御さんは恩着せがましく子どもに「やってあげているんだ」とは言いません。だからこそ、私は生徒たちに親御さんのありがたみやすごさを話すようにしています。

塾には、意欲的な生徒もいれば、親御さんに通わされている感覚の生徒もいます。親御さんのありがたさを説いてもなかなか心が動かない生徒もいます。

そこで、私は授業中に「自分が親だったら、君たちがこんなに一生懸命になれない状況じゃ嫌やで」と、目に涙をためて訴えかけることがあります。最初は演技ですが、親御さんのことを思うと、本当に目頭が熱くなることがよくあります。私の訴えが届くのは、10人のうちせいぜい2人か3人くらいです。それでも粘り強く伝え続けると、勉強に向かう姿勢が変わる生徒が出てきます。

しかし、1週間、短いと3日で生徒は元に戻ってしまいます。クルマと一緒でガソリン（やる気）が切れるのです。私は**塾にはガソリンスタンドのような役割がある**と思っています。クルマで走っていて、ガソリンがなくなったらガソリンスタンドで補充するように、生徒のやる気が1週間経ってなくなったら、再注入する場が塾なのです。

## 子どもは、自分のことをよく見てくれる大人をすごいと思う。

03

# 「わかった!」と自発的な行動が成長につながる

# 教えすぎずに考えさせる

わが子が問題を解いているとき、「これは習ったでしょ。こうやって解くのよ」と解き方や答えを教えてしまったことはないでしょうか？　わが子のもどかしい姿を見ていると、親御さんは自分が知っている答えをつい言いたくなってしまいます。

実は、先回りして子どもに答えを教えてしまう先生も意外と多いものです。先生はもともと教えるのが好きだからです。

親御さんや先生が手取り足取りいろいろ教えすぎてしまうと、かえって学力は伸びません。それでは答えを教えているのと同じだからです。

子どもは答えを教えてもらえると喜びます。わかった気にもなります。その問題の答えは覚えるかもしれませんが、数字が少し変わったり、少しひねった応用問題を前にすると、途端に解けなくなってしまいます。

大人は教え込んでしまったほうが楽ですが、グッとこらえてお子さん自身に考えさせて解かせるべきです。

**お子さんの「あ、わかった！」「こうしたらいいんだ！」をいかに引き出すか**が大人に求められます。教えすぎないことによって、お子さんは自ら成長するのです。大人は考えることで成長し、悩むことでステップアップします。特に幼少期には、答えが出なくても、あるいは間違っていても「考えたこと」をほめてあげたいものです。

## 得意・苦手の境界は自発性があるかどうか

勉強を得意とするお子さんと苦手とするお子さんの決定的な差はたった1つ、「言われなくても勉強する自発性があるかどうか」です。

それでは、子どもの自発性を引き出すにはどうすればいいのでしょうか？

私が効果的だと感じているのは、モデルとなる先輩の話をすることです。たとえば、「勉強机の前に自分を奮い立たせる言葉を貼って、気持ちが下がってきたらその言葉を見ている子がいたよ」「毎日30分と決めて、1日も欠かさず勉強を続けた子がいたよ」といった先輩の実例を話すと、自ら勉強するようになる生徒がいます。

伸びるお子さんは、学校や塾の先生のこともうまく利用しています。自ら先生に質問して、学ぶきっかけを増やします。

学校の先生には質問しにくいけれど、塾の先生には質問しやすいというお子さんも多いです。もし、お子さんが塾に通われているなら、塾の先生をうまく活用するといいでしょう。

そうはいっても、子どもは簡単には自ら進んで勉強するようになってくれません。賛否両論ありますが、私は**ご褒美を取り入れてもいい**と思います。

1～2時間という長い時間ではなくて、15～30分という短い時間勉強するたびにご飯やお風呂、ゲームという楽しみの時間を設定すると子どもは飽きません。身体を動かす時間を入れてもいいかもしれません。ともかく、勉強時間の合間の小さな楽しみをたくさんつくるのです。これを繰り返しているうちに、勉強が習慣化されて、親御さんに言われなくても勉強するような自発的な行動が生まれるのです。

## 子どもの自発性を引き出すにはご褒美（楽しみ）も使いよう。

# 04

# 指導者が知るべき「教育五者」

## 学び・演じ・聞き・喜ばせ・治す

「教師は五者たれ」とよくいわれます。五者とは「学者」「役者」「易者・記者」「芸者」「医者」のことです。私は教師に限らず、親も五者であるべきだと考えています。

**1 学者**

文字通り学ぶ者のことです。子どもに教えるためには、自らも学び続ける必要があります。時代の変化に対応できるように知識をアップデートしなければなりません。

**2 役者**

先ほど授業中に涙もろさを演じることがあると述べたように、お子さんの前では演じる部分が必要だと思います。親も完璧な人間ではありません。しかし、立派な大人の手本を演じて子どもの前に立たなければならないこともあるのです。

よく夫婦仲が子どもの情緒や学力に影響するといわれます。少なくとも、お子さんの前では喧嘩せず、仲がいいふりをしたほうがいいかもしれません。

とくに叱るときは、絶対に感情的になってはいけません。「叱ると怒るは違う」とよくいわれますが、怒ってしまうと、親御さん自身、ストレスがたまってつらくなってしまいます。怒らないコツは、お子さんの人格を否定せず、行為だけを叱ることです。「罪を憎んで人を憎まず」です。時には、叱っているふりも必要でしょう。お子さんの人柄やキャパシティに合わせて演技するのも大事です。

ただ、かつてと違うのは、叱ると「ごめんなさい」と謝るのではなく、シュンとなってしまうお子さんが増えていることです。そのため、塾や学校などの大人数の前での叱り方は難しいと感じています。あえて軽い口調で「こんなことやったらあかんやろ」と言うこともありますが、そこも演技です。

## 3　易者・記者

易者のように、しっかり話を聞いて、アドバイスします。

記者に関しては、その子の話を聞いて、良さを引き出してあげるということです。その際には、質問力が試されます。お子さんに「考える機会」を与え、質問する力を活用しながら「見守り・働きかけ」を行うことが大切です。

## 4　芸者

芸者は、芸で人を喜ばせて、笑顔にさせます。お子さんたちは、学校や塾から疲れて家に帰ってきます。そんなお子さんを笑顔にしてあげるのが親御さんの役目です。エンタテイナー的な要素が必要です。

**5 医者**

五者の中で一番大事なのが医者の役割です。人は、心や体の具合が悪くなると、医者に診てもらいます。医者は患者を問診したり、検査したりして、病気を特定して治療法を決めます。これと同じように、親御さんはお子さんの何らかの症状を見つけ、処方して薬を提供しましょう。

大切なのは、お子さんをよく観察することです。子どもは嫌なことや不安があれば必ずSOSを出します。「自分の部屋にこもる時間が増える」「学校の話をあまりしなくなる」「お母さんの料理を食べなくなる」「言葉遣いが急に変わる」、この4つが主なサインです。子どものSOSをできるだけ早く察知してあげたいものです。

**親は、教師と同様「五者」であるべきことを意識する。**

# 05

# 「わからない」と言える勇気を持つ

# 120%の知識があるように演じる

中学校の現場では、少子化によって小規模校が増えました。このため、配属される先生の数も減り、すべての教科の先生が揃っていない中学校が増えています。理科の免許しか持っていない先生が技術科を教えるといったように、免許を持っていない教科を指導せざるをえない先生がいるのです。

塾でも、先生が専門以外の教科を指導することがあります。

先生といえども、常に自分が100%の知識がある教科の授業を任されるとは限りません。それでも、生徒たちの前に立たなければなりません。

そのとき、たとえ80~90%しか知識がなくても、子どもには**120%の知識があるように演じるべき**だというのが私の考えです。そうしないと、子どもたちが不安になってしまいます。先生についてきてくれません。

ただ、うそは絶対に教えてはいけません。

教室にプロジェクターがあるなら、インターネットに接続してすぐに検索できます。

自分がわからないことがあったら「良い質問をしてくれてありがとう。グーグルでこうやって検索したらすぐに出てくるから」と、調べ方をレクチャーしているふりをすることもできます。

先生は、自分がわからないことがあるときに切り抜ける手段をいくつか持つべきです。それがないと、「この先生大丈夫かな?」と、信頼を失ってしまいます。

## 親はわからなくて当たり前

私は英語教師ですが、とりわけ英語はほかの教科と違って先生でも完璧というわけにはいきません。日本人にとっては英語が母国語ではないからです。

私自身、授業中はできるだけ英語で話すようにしていますが、時には間違うこともあります。そのときは「先生も間違うことがあるんだよ」「人は完璧じゃないよ」と正直に話します。

逆に、生徒から教えてもらうこともあります。そのときはしっかりお礼を伝えるようにしています。完璧でないながらも、先生自身が学び続け、頑張っている姿を見せることが大事だと思います。

ただし、**「わからない」「知らない」と生徒に言っていいのは、深い信頼関係を築いたあと**です。その前に言ってしまうと、信頼してもらえません。

先生は安易に「わからない」とは言えませんが、親御さんは専門家ではないのでわからないことがあって当然です。「子どもによく見られたい」「知らないのは恥ずかしい」という思いがあるかもしれませんが、わからないときは「わからない」と言う勇気を持つべきです。親御さんはすでにお子さんとの信頼関係があるのですから。

30ページで教育五者の話をしましたが、わからないことを打ち明けて、親御さんも学者としてお子さんと一緒に学べばいいのです。

**わからないことは子どもと一緒に学ぶ。**

06

# 親が学べば子どもは勝手に学ぶ

# 親が勉強しなければ、子どもも勉強しない

あるお母さんは、病気の人を助けたいという思いが高まり、看護師の資格を取ろうと一念発起、30歳を過ぎてから看護の専門学校に入学されました。母親が家事と子育てのかたわら、看護師の国家試験合格に向けて学校に通って猛勉強している姿を見て、お子さんも勉強への意欲が高まりました。

またあるお母さんは、介護福祉士の仕事をされていました。さらなるステップアップと収入アップを目指して、ケアマネジャーの資格取得を目指して勉強したそうです。そのお母さんのお子さんも、目に見えるほど勉強への意欲が高まりました。

この2つは私の塾の実話です。さすがに看護師などの国家資格取得を目指す親御さんは多くはありませんが、お子さんと一緒に英検や漢検の勉強をする親御さんは、意外といらっしゃいます。

**子どもは親の映し鏡です。**

お子さんは無意識のうちに親御さんの真似をしています。親御さんが勉強嫌いでゲ

ームばかりしていたら、お子さんも勉強嫌いでゲームばかりするでしょう。

一方で、親御さんが学ぶことが好きで、楽しみながら本を読んだり、資格を取ったりしていれば、お子さんも「勉強は楽しい」と思うようになります。

親御さんも時間をつくって自分の好きなジャンルのことを深く学んでみてはいかがでしょうか？　英語でも、花でも、歴史でも、何でもかまいません。趣味でいいのです。本を読む姿や、英語の勉強をしている姿を見せるだけでいいのです。

親御さんが学ぶことの楽しさを背中で見せることができれば、お子さんも学ぶ楽しさを感じ、積極的に勉強するようになります。

今からでも遅くありません。親御さんが何か新しいことに挑戦する姿を見せればいいのです。学び続けている人が学ぶよりも、これまであまり積極的でなかった人が学び始めるほうが子どもにとってインパクトがあるものです。

## ゲームも学ぶきっかけになる

先ほどゲームについて触れましたが、私はゲームを全否定しているわけではありません。私の子どもは一時期、ポケットモンスターにハマっていました。モンスターの名前やタイプなどを覚えただけでなく、「ポケモンずかん」のモンスターを何日もかけて描き写していました。

子どもは熱中すると、情報を分類したり、整理したり、関連づけたり、知識を深めたりといった作業を自分で考えて進めます。これによって「頭を使う楽しさ」に目覚めます。

親御さんは「すごいな、教えてよ」とお子さんの**アウトプットを促す**といいでしょう。さらに「その能力があるなら、勉強もできるようになるよ」と誘えばいいのです。中学生なら、いきなり5教科を勉強させるのではなく、ゲームの内容と関連がありそうな教科だけでも頑張ってみるようにアドバイスしてみてください。

そもそも親子関係が良くなければ、いくら親御さんが学んでもお子さんは真似してくれません。ゲームが親子のコミュニケーションのきっかけにもなるはずです。

**いい親子関係と親の学びが子どもの学力を伸ばす。**

07

# 「同じことを言わせるな!」とは言わない

## 子どもは親を試している

人を傷つけてしまったり、人の物を壊してしまったりしたときにお子さんを叱ることがあるでしょう。そのとき、気をつけたほうがいいことが2つあります。

**1つ目は、過去のことには触れないことです。**

「あなたは前もこれをやったでしょ?」「何回目だ?」「同じことを言わせるな!」とは言わないほうがいいです。たとえ2度目、3度目であっても、今回のことだけに的を絞って叱ります。

**2つ目は、子どもの人格を否定しないことです。**

今やったその行為だけのことを指摘するのです。「あなたにはすてきな部分がいっぱいあるのに、もったいないぞ」「あなたのことが嫌いで言ってるわけではないよ」と伝えてあげてください。

叱るべき内容の深刻度合いに気を配ることも大切です。些細なことなのに強く叱ってしまわないようにしたいものです。逆に、大変なことをしでかしているのに、「気をつけようね」と軽く叱るだけではいけません。

うそをついたときなどがそうです。人を傷つけるうそもあれば、人を気分良くさせるうそもあります。みんながハッピーになるうそはついていいこともあります。親御さんが事の深刻さの大小をわかっていないといけません。

親御さんもそれぞれ価値観があるので、叱るか叱らないかの絶対的な線引きはできません。

叱る基準になるのは、**自分が許せるか許せないか**です。

お子さんがやったことに自分がストレスを感じるなら、しっかりと叱ってストップさせたほうがいいです。そうしないと、親御さん自身がつらくなってしまいます。どこまでは許容できて、どこからは叱るのか、自分の基準をある程度はつくっておくのがいいでしょう。そこはブレないほうがいいと思います。同じことをしても親御さんが怒ったり怒らなかったりすれば、お子さんは「前回ＯＫだったのに、何で今日はダメなの？」と言ってきます。そうなると、ズルズルと基準が緩んでいってしまいます。

子どもは、常に大人を試しています。何をやると叱られるのか、どこまでやると叱られるのか、よく見ています。親御さんは、常にお子さんに品定めされていると思っていたほうがいいでしょう。

私はかつて声を荒げて叱ることがありました。自分が昭和的な叱られ方をして育ってきたというのもありますが、生徒に本気で良くなってほしいからです。

ただ、生徒を注意して失敗したこともあります。睡眠障害だとは知らずに、授業中に眠ってしまった生徒を厳しく注意してしまったのです。それ以来、眠ってしまう生徒を目にしたとき、単に眠っているのか、睡眠障害や体調不良の傾向はなかったか、それとも自分の授業の流れが悪いのかなどを、すごく考えるようになりました。

大人も常にトライ・アンド・エラーです。いろいろと試しながら叱り方を探っていくしかありません。

## 叱るときは過去と人格には触れない。

08

# コンセンサスゲームで深める家族の絆

# 価値観の違いを乗り越えるには?

企業研修でよく取り入れられるものに「コンセンサスゲーム」というものがあります。私の塾でも講師研修で取り入れています。

コンセンサスゲームとは、ある課題についてチームのメンバー同士で話し合いながらコンセンサス(合意)を形成し、意思決定するというものです。お互いの理解やチームビルディング、コミュニケーションスキルの向上などに効果的なゲームです。

たとえば「雪山での遭難」というゲームがあります。飛行機が墜落して、乗員乗客が雪山で遭難してしまった状況で、ライフル銃やマッチ箱、方位磁針、スキーセット、懐中電灯、ウイスキーの入った瓶など、10個のアイテムの優先順位をつけるというものです。飛行機が砂漠に墜落したというパターンもあります。

最初は各個人で優先順位をつけます。そのあと、2~3人のグループで話し合って優先順位をつけます。すると、合意形成に難航します。なぜなら「持っている情報」「解釈」「目的」「価値観」の4つに違いがあるからです。

合意形成するうえで一番難しいのが価値観です。

誰もが自分の価値観を大切にしたいと考えています。自分はこれが欲しいけれど、ほかの人は欲しくない、自分にとってはおいしい食べ物だけど、ほかの人にとってはおいしくない、というように人の価値観はさまざまです。

しかも、価値観は見えにくいものです。情報の違いや解釈の違いはすぐに見えてきますが、相手の価値観は簡単にはわかりません。価値観を知るには時間がかかります。15分や20分ではその人の価値観にまではたどり着けません。

最もやってはいけないのが**自分の価値観や固定観念を相手に押しつけること**です。そうすると、人間関係が崩れてしまいかねません。

コンセンサスゲームには模範解答がありますが、グループで話し合ってつけた優先順位は、1人で考えたものより明らかにより良いものに変わります。自分の価値観がすべてではないことをコンセンサスゲームを通して学ぶことができるのです。

1人の人間ができるのは些細なことです。

1人ではできなくても、チームで力を合わせると、良い結果が出るものです。普段から、自分のまわりの人たちの価値観に思いをめぐらせながら生活するのが大事だということがこのゲームを通して学べます。

これは、子育てにも通じることです。親御さんは、お子さんに価値観を押しつけるべきではありません。

コンセンサスゲームを家族でやっても面白いかもしれません。

コンセンサスゲームは、親子がコミュニケーションを取るいい機会になるでしょう。親子でお互いが持つ情報を交換していると、いろいろな物事に対するお子さんの解釈を知ることもできます。「自分の価値観はこうだけどどう思う?」と、親御さんがお子さんに投げかけてみるのもいいでしょう。ゲームを通して「人によってさまざまな考えや価値観がある。それは否定してはいけないよ」と伝えることが大事なのだと思います。

企業研修でチームビルディングに役立つように、家族の絆もきっと深まるはずです。

## 親は子どもに自分の価値観を押しつけない。

# 09 子どもである前にひとりの「人間」だと心得る

Q 親としての心構えはどんなこと？

A

お子さんの存在や価値をしっかりと認めることです。ほとんどの子どもは承認欲求が強いため、ご家庭ではみんなの前でほめてあげる必要があります。そうすることでお子さんは活性化し、お子さん自身の長所が伸びていきます。

また、子どもの前でとても重要なのが、表情です。子どもは大人をよく観察しています。イライラした顔や心配そうな顔をすれば、お子さんにも伝播します。いつも笑顔を忘れないようにしましょう。

そして、お子さんの本音に歩みより「そうだよね」と共感的に聞いてあげることです。お子さんの言い分には彼らなりの考えがあります。それを頭ごなしに否定するのではなく、きちんと聞いてあげることが信頼関係の第一歩なのです。

# 第2章

# 生徒1万人との二者面談から見えてきた親のあるべき姿

# 10

# 二者面談だから聞ける、親と子どもの本心

## 子どもは親に信頼してほしい

私はこれまで数多くの生徒との二者面談を行ってきました。

中学教師時代、年度はじめの4月の二者面談では、勉強のことよりも心と体の健康のことを聞きます。新しいクラスに不安を感じていたり、季節の変わり目で体調不良になっていたりする生徒が多いからです。「調子はどう?」といった感じで、趣味・特技や好きな給食、自分が思う長所・短所など、勉強とはまるで関係のない話をします。生徒に心を開いてもらうためでもありますが、これから1年間同じクラスで生活をする一人ひとりのことを知っておかないと不安だからです。

さらに、起床・就寝の時間、休日の過ごし方、一緒に登校している友達のことなどを聞いて、学校や部活動に自分の居場所があるかどうかをさり気なく確認します。生活のことまで踏み込むのは、生徒の性格や考え方を知るためです。生徒の人となりを知っておくと、いじめや不登校などの早期対応につながります。また、部活動の大会前やテスト前、受験前になったときに声掛けの仕方を考える材料にもなるからです。

他には、親御さんに言いにくいことや、私から親御さんにお願いしてほしいことがあるかどうかも聞きます。すると、「自分が勉強しようと思っているときに、親が『勉強しなさい』と言ってくる」「妹のことばかりひいきしている」「自分の話を聞いてくれない」といった話をしてくれる生徒がいます。

**「わかっているのに、あれこれ言われたくない」**というのがお子さんの本音です。二者面談を踏まえて、親御さんに「お子さんを信頼してあげてほしい」「お子さんの話をしっかりと聞いてあげてほしい」と伝えることもあります。

## 親は子どもに言うことを聞かせたい

塾の先生をしていると親御さんから求められ、二者面談をすることがあります。

親御さんから私たちへの要望は、お子さんに注意してほしいことが多いです。

たとえば「ずっとスマホを触っている」「動画サイトばかりを見ている」「ゲームしている」「言うことを聞かない」「整理整頓しない」「朝起きない」といったことです。

お子さんたちが学校の先生に言いにくいことを塾の先生には打ち明けてくれるよう

に、親御さんも学校の先生に言いにくいことを塾の先生には話してくれます。それは、学校は生徒を評価する場でもあるからです。学習塾は評価ではなく応援をする場です。

私は親御さんの話を聞きながら、単にお聞きするだけでいいのか、それともアドバイスを必要とされているのかを探ります。お聞きするだけでいい親御さんの場合、私が「お気持ちわかります」と共感すると、スッキリとした表情で帰っていかれます。アドバイスが必要な場合は、過去の卒業生の事例などを取り入れながら、お子さんとの向き合い方などについてお話しします。

お子さんと親御さん、それぞれと二者面談を行って見えてくるのは、親子のコミュニケーションギャップです。子どもは親に本音を言えないことが多いです。親御さんも、わが子に伝えたいことを伝えきれていません。**大切なのは、親子のコミュニケーション**です。親子が良好な関係ならば、お互いに言いたいことを直に伝えて、聞き入れてもらえるはずです。

### 言いたいことを言い合える親子関係が大切。

# 11

# 三・四者面談は自由な意見交換の場

## 塾の先生がルールづくりの承認役

二者面談がお子さんや親御さんの本音を聞き出す場ならば、三者面談は子、親、先生の三者によるコミュニケーションの場ですが、主役はお子さんです。普段はわが子の口から聞けない言葉や、自分の子どもがどのように思って生活しているかなどの本音が面談中に出るように進めることもあります。

ここ最近、増えているのがお父さまも加わった四者面談です。塾側が四者面談を設定しているのではなく、三者面談の場にお父さまも来られます。

お父さまが行きたいのか、それともお母さまが1人では不安だからお父さまにも来てほしいのかはわかりません。どちらの理由もありそうですが、お子さんの勉強に興味を持つお父さまが増えているのは間違いありません。

私の塾では、中1、中2の三者面談を希望制にすることがあります。その際、希望する親御さんは2~3割です。希望しない家庭のほうが圧倒的に多く、とくに中1の場合、ある程度の成績が取れていたら面談を希望されない親御さんが多いです。

一方、三者面談を希望する親御さんは、塾での様子を知りたかったり、不安があったりする方が多いのです。傾向としては、長男・長女の親御さんに比べると、次男・次女以降の親御さんの参加率は低いです。次男・次女以降の親御さんはすでに上のお子さんで経験されているため「だいたいこの時期にはこれをやるよね」とわかっています。だから参加率が下がります。

**お子さんを塾に通わせていらっしゃるなら、中1、中2から塾の三者面談を申し込まれたほうがいい**と思います。塾の先生と一緒に「目標を設定したり」「スマホやゲームなどの約束事を決め直す」などの機会として、面談への参加をおすすめします。

親御さんが一方的にルールをつくってお子さんに押しつけるのではなくて、「ゲームは1日何分にする」「スマホはこういう使い方にする」というのをお子さんに決めさせて、塾の先生に承認役になってもらうといいと思います。

## 親の子どもを見る目を変える

生徒には、いろんなタイプがいます。なかには、家で暴れていたり、親御さんに偉そうな態度を取っていたりする生徒もいます。三者面談の場で、そうした生徒の塾での様子を親御さんの前であえてほめることがあります。塾の先生にほめられれば、わが子に対する見方が変わり、親子関係が変わるかもしれないと期待するからです。

ただ、親御さんのタイプと求められていることを見極めてほめすぎないようにもしています。今は子どもをほめて伸ばす方法が主流とはいえ、ほめた内容がその家庭では当たり前すぎることでは、親御さんにまったく喜ばれません。それどころか、かえって「そんなの当然でしょ、先生」と白けられてしまいかねません。

たとえば「授業を聞く態度がいいですね」とほめても、「いや、そんなの当たり前でしょ」という家庭もあります。そのため、お子さんの能力や性格を踏まえたうえで、ほめるポイントやほめ方を変えるようにしています。小学校時代に比べると、中学生になったわが子と話す機会は大きく減ることでしょう。三者面談を親子が会話するひとつのきっかけにできればいいと思っています。

## 三者面談は親子がコミュニケーションを深めるきっかけ。

# 12

# 「言った通り」ではなく「やった通り」に育つ

# 親の気持ちは子どもにうつる

サッカーでも、野球でも、スポーツを観戦していると興奮したり、手に汗握ったりすることがあります。これは、スポーツを見ているだけで、プレーしている選手と同じ脳の部位が活性化することが原因だとわかっています。

というのも、人間の脳には「ミラーニューロン」という神経細胞があるからです。これは、他者の動作を見たとき、自分も同じ行動を取っているかのように反応する神経細胞のことです。人の行動を見て、まるで自分自身が同じ行動をとっているかのような反応をするのです。

たとえば、お子さんが自分ではまあまあできたと思っていたテストを親御さんに見せたとします。ところが、それを見た親御さんがガッカリした表情をしたとします。その瞬間、お子さんは親御さんと同じ気持ちになって、「ダメだった」と自信を失ってしまいます。

満足していたお子さんの気持ちが一瞬で落胆に変わるのです。

**子どもは親の表情をよく見ています。**

親御さんがテスト結果を見て落胆していると、お子さんは「テスト結果が悪いとお母さんに嫌われる」「自分は条件つきでしか愛されていない」と思い込むようになってしまいます。

すると、良い結果が出そうなときは行動しますが、良い結果が出そうにないと自分を抑え込んでしまうようになるのです。

親の表情や言動によって子どもは自信を奪われ、何事にも臆病になってしまいます。親が「やってみたら？」と言っても、失敗を恐れてチャレンジしなくなるのです。

子どもは親の「言う通り」に育つのではありません。親が「やっている通り」に育つのです。

## 点数の悪いテストを隠していたら？

子ども部屋を掃除したら、ひどい結果のテストが出てきた、という経験があるかもしれません。親の落胆する表情を見たくない子どもは、テストで悪い結果が出たときに隠すようになったり、うそをついたりするようになります。

三者面談のとき、やたらと親御さんの表情を見る生徒がいます。これは、自分は条件つきでしか愛されないと思い込んでいるサインです。

たとえお子さんのテスト結果を見て落胆しても、決して表情や言葉には出さないのが大切です。「今回、失敗しておいてよかったね」くらいのスタンスでいいのです。

そうすれば、たとえテスト結果が悪くても、正直に見せてくれるようになります。

そもそも、テスト結果が悪いのは、本人の努力不足とは限りません。たとえば、模試の点数が悪かったのは、単にまだ経験したことのない出題形式で出たことや、問題慣れしていないことが原因になっている場合がよくあります。それならお子さんは悪くありません。

お子さんの失敗をとがめず、**「また次頑張ろう!」と励ましてあげてください。**

**親のガッカリが子どもの自信を奪う。**

# 13

# 親の「どうせ無理」は子どもにうつる

## 「うちの子なんて」と決めつけない

「うちの子ってすごい」と言う親御さんと、「うちの子なんて」と話す親御さん。どちらが多いと思いますか?

本当はすごいと思っていても謙遜していることもあるとは思いますが、「うちの子なんてどうせ」と、子どもの可能性を決めつけてしまっている親御さんが多いのが私の実感です。

子どもの可能性を決めつける親御さんの特徴が6つあります。

「世話を焼きすぎる」「指示・命令が多い」「お手伝いをさせない」「能力以上のことをさせる」「失敗させない」「いろんな体験をさせていない」の6つです。

たとえば、親御さんが何でもやってあげてしまうと、お子さんが自分でやらなくなってしまいます。ところが、ある時期になって親は一転して「何でしないの?」と言い出すわけです。子どもは「急にやれと言われても……」と戸惑うだけです。

「どうせうちの子なんてできないよね」「うちの子は人見知りなんで」と、思っているだけでなく、口に出す親御さんがいます。

親にそう言われ続けると、**子どもは「自分はできなくて当たり前」「人見知りなんだ」と思い込んでしまいます。**

この状態から思い込みのないゼロの状態に戻すのは難しいです。

親が急に「あなたはできる」と言い方を変えたところで、子どもには「前、言ってたことと全然違うじゃないか」と思われるだけです。たとえば「偏差値60の高校になんかあなたは行けないわよ」と言っていた親から「あなたは行けるんだから頑張れ」と急に言われても、子どもは「何言っているの？」と白けるだけです。

親も子どももいきなりは変われません。まずは「やったらできたね」という小さなステップを親子で一緒に踏んでいくといいと思います。自分自身が「挑戦したらできた」という過去の小さな成功体験を子どもに話してもいいでしょう。

そのためには、お子さんのことをよく見て、少し頑張ればできることを見極めてアドバイスしてあげることが大事です。

## 期待せずに信頼する

「それなら、子どもに期待したほうがいいのか」と思うかもしれません。

ちょっと待ってください。お子さんに「できそう」と思わせることは大事ですが、期待するのとは違います。

たとえば、何かの発表会があるとします。親御さんが「あなたはうまく発表できるでしょ!」と期待すると、お子さんはうまくできなかったときガッカリしてしまいます。期待せずに、ありのままのお子さんのことを受け入れてあげましょう。「一歩ずつ成長する途中なんだよ」「信頼しているよ」と伝えてあげてください。

つまり、**「期待せずに信頼する」**ことが大事なのです。もし「うちの子なんて」と思ってしまうことがあるならば、今からでもわが子を信じてあげてください。

**可能性を決めつけず、期待もしすぎない。**

# 14

# プレッシャーをかけすぎると子どもはつぶれる

# プレッシャーを与えすぎない

それでは、わが子に大きな期待をかけて、過度なプレッシャーを与えたらどうなるでしょうか?

**◎子どもの不安やストレスが増加する**

常に高い期待に応えなければならないというプレッシャーを感じている子どもは、不安やストレスが増加します。とくに成績やスポーツの結果に対するプレッシャーは、子どもの精神的な健康に悪影響を及ぼすことが多いです。ストレスは、睡眠障害や食欲不振、さらにはうつ病などの深刻な心身の問題を引き起こすことがあります。

**◎子どもの自尊心が低下する**

親から過度な期待や批判を受け続けると、子どもは自己評価が低くなり、自尊心が低下する恐れがあります。

◎**親子関係が悪化する**

子どもは親の期待に応えられない自分を責めると同時に、親に対する反感や不満を抱くようになります。お互いに理解し合うのが難しくなってしまいます。

## 子どもをつぶす親のNG行動

次に、お子さんにプレッシャーをかけてしまう親御さんのNG行動を紹介します。

◎**過度な期待をかける**

子どもは親の過度な期待に応えられないことに対して不安を感じます。その結果、子どもは自信を失って、失敗することに恐怖を感じるようになってしまいます。

◎**ほかの子どもと比較する**

子どもをほかの子どもと比較することは、子どもに劣等感を抱かせ、自信を失わせる原因になります。子どもの自己評価を下げて、やる気を失わせてしまいます。

**◎否定的な言葉を使う**

「何でできないの！」といった否定的な言葉は子どもの心に深い傷を残します。

**◎結果だけを重視する**

プロセスや努力を評価せずに結果だけを重視すると、結果が悪かった場合、子どもは自分に価値がないと感じてしまいます。

ただし、適度なプレッシャーがかかることで結果を出す子どももいます。

お子さんのことをよく理解したうえで、過度なプレッシャーをかけてお子さんを押しつぶしてしまわないようにしたいものです。

**ほかの子どもと比較せず、プロセスを評価する。**

# 15

# 「しなければ」を「したい」に変える

## 「勉強しなさい」と言ってもやらないワケ

「勉強しなさい」と言えば子どもが勉強すると思われている親御さんが多いです。しかし、ほとんどの子どもは「勉強しなさい」と言われてもやりません。勉強しない子どもからすると、言われようが言われまいが、どちらにしても勉強をしないのです。

親がただ単に子どもが勉強しないことに不安を感じていて、自分が安心したいがためにとりあえず「勉強しなさい」と声を掛けるのはやめたほうがいいでしょう。それではお子さんは親御さんの気持ちを見抜いて勉強しません。

教育業界ではよく「水を飲みたがらない馬を川辺に連れていくことはできても、水を飲ませることはできない」と言います。この言葉が示すように、勉強をしたくなるような状態にお子さんをどう導くかが大事だということです。

子どもが勉強をしたくなるには3つの要素が必要になります。**1つは「好奇心」、もう1つは「目的意識」、最後は「競争心」です。**

学力が伸びる子どもは「勉強しなければいけない」とは思っていません。「勉強したい」と思うのです。

「俺はこの高校に行きたい！」「私はテストで10位以内に入りたい！」という目標ができるときが「勉強しなければ」から「勉強したい」に変わる瞬間です。この意識の変化によって、子どもの学力は大きく伸びていきます。

一方で「勉強しなければ」と思って勉強している子どもたちは、学力は下がりはしませんが、大して上がりもしません。「勉強しなければ」と思っている時点で、自分にとって勉強は嫌なことです。自分の気持ちに脳は敏感に反応します。嫌なことは頭に入りにくいため、勉強したわりには成績が伸びないのです。

## 「しなければ」から「したい」に変えるには？

「勉強しなければ」から「勉強したい」に変わる大きなきっかけの1つはオープンハイスクールです。

中学3年生が、気になる高校のオープンハイスクールに参加して、「この高校に行きたい！」と思うと、勉強のスイッチが入ります。

中1、中2ならば、変わるきっかけは少し頑張ってテストで良い結果が出たときです。「自分は頑張ればできるんだ!」と気づいたとき、「勉強したい」という気持ちが芽生えます。

たとえば、社会1教科をトコトン勉強して、それまで50〜60点だった定期テストが90点になると、うれしさや達成感が快感になるのでしょう。もう昔の結果が出ない自分に戻りたくないと思うはずです。

ただ、1教科をゴールにしているお子さんは、目標の点数をクリアしたら満足してしまいます。親御さんは、あくまでも通過点であることを伝えてあげるべきです。そうすれば、社会以外の教科にも熱が入って、点数が上がっていきます。

生徒たちを見ていると、自分の意思で目標を設定するのは難しいです。親御さんが目標設定をサポートしてあげましょう。

## 1教科の成績を伸ばせば、ほかの教科の点数も上がっていく。

# 16

# 親が望む高校と行きたい高校、どっちがいい？

## 高校は通過点にすぎない

中学生になると、多くの子どもにとって最初の大きな試練である高校受験が待ち構えています。その際には志望校を選ばなければなりません。

多くの場合、親御さんから「この高校を目指したら？」と促されるところから志望校選びがスタートします。「この高校に行きたい！」という目標を明確に持っている生徒は、2~3割しかいません。親御さんが地元出身なら「この高校に行ったらこんな大学に行けるよ」「この高校からはこんな会社に就職しているよ」といった情報を持っています。その場合、よくあるのは、親御さんがわが子に地元のトップ校に進んでもらいたいと思っているケースです。一方で、子どもの方は部活優先で高校を選びたい場合もあります。自分の学力よりワンランク下げてでも部活優先で高校を選びたいと考える子どもがいるのです。

**お子さんにとって、高校はあくまでも通過点です。**

ところが、高校受験をゴールのようにとらえている親御さんが多いです。その高校に入ったからといって、良い大学に進めるわけではありません。良い会社に就職できるわけでもありません。

モチベーション高く通える高校に行ったほうがその先で良い結果につながる可能性が高いのです。そのためには「行ける高校」ではなく「行きたい高校」に進学できるように、勉強面だけでなく精神面や体力面、生活面においてもアドバイスしています。

## 幅広い選択肢を提示する

意外と盲点なのが、高校に入ってからの順位のことです。

背伸びして合格ラインギリギリでトップ校に合格したものの、入学後に成績が低迷して毎日を苦痛に感じながら何とか卒業する生徒がいます。

一方、ワンランク下の高校なら、入学後に成績トップ層をキープできて気分良く通えます。高校の成績次第では、指定校推薦や総合型選抜（AO入試）で入れる大学の選択肢が広がります。あえて普通科ではなくて、工業科や商業科に進んで、工業科や商業科でないと受けられない入試方式を利用して国公立大学に進学する子もいます。

私自身、地元の進学校に進みました。しかし、あとになって、もっと野球に打ち込むために、私立の強豪校を目指してもよかったのではないかと思ったものです。しかし、中学時代にまわりの大人からは何もアドバイスがありませんでした。

こうした自分自身の経験から、生徒たちに幅広い選択肢を提示するようにしています。たとえば、不登校傾向の生徒なら山村留学、スポーツに打ち込んでいる生徒なら私立高校のセレクション、看護師を目指すなら看護科のある高校といった選択肢があることを伝えたりします。

高校生活では、勉強や探究活動だけでなく、部活や人間関係づくりなど、さまざまな学びがあります。本当にわが子に合った高校かどうか、総合的に見極めることが大切です。主役はあくまでもお子さんです。親御さんが行ってほしい高校ではなく、最終的にはお子さんが行きたい高校を優先すべきなのです。

**子どもが行きたい高校を優先する。**

## 17 子どもたちの心に見え隠れする「こっちを見て」

**Q 先生にだけ話せるということはある?**

**A**

これまでの経験上、間違いなくあると言えます。親にだけ、友達にだけ、塾の先生にだけ話せる、ということもあるはずです。

生徒の声に応えるためには、常に子どもたちを見ている必要があります。私が中学校の担任をしていた時は、生活ノートを毎日提出させていました。連絡帳のようなものでページの一部に1日の感想や日記を書くところがあり、それが担任との交換ノートの役割を果たしていました。このノートには生徒からのいろんなサインが出ることが多いです。その日の感想だけでなく、本人の心の状態も見えてきます。子どもの様子をよく見ることで、子どもとの信頼関係を築いていきました。

# 第3章

# 成果が上がる岡崎式勉強法

# 18

# 勉強計画で重要なのは時間よりも内容

## 何をやるべきか可視化する

私が学生時代に打ち込んでいた野球部には、練習メニューがありました。まずはアップして体を温めたあと、キャッチボールをして、トスバッティングをしてといった流れが決まっていました。もし、このメニューがなければ次に何をやればいいかわかりません。いちいち、チームメイトと「次の練習メニューは何にしようか?」と話し合っていては、無駄な時間ばかりが流れていきます。

勉強も、計画がなければ机に向かうたびに「今日は何を勉強しようか?」と考えなくてはなりません。これでは効率が悪すぎます。

勉強計画を立てれば「今日は何を学習すべきか?」が可視化されるので、すぐに勉強に取りかかれるようになります。

塾に通っていないお子さんは、なおさら勉強計画の必要性が高いです。というのも、塾に通っているライバルたちは、たとえば週2回、各120分間程の勉強をしているからです。その間、計画的に机に向かわなければ、差を広げられてしまいます。

勉強計画が必要なのはお子さん自身です。「なぜ計画を立てるのか?」という目的を自分自身で理解させたうえで、自分で計画を立てさせるようにしましょう。

まず、勉強計画には**長期目標と短期目標が必要**です。

高校球児のモチベーションが高いのは、甲子園出場という長期目標があるからです。また、短期目標として、週末の練習試合や学年別の大会などの近いゴールがあるからです。勉強の長期目標なら「志望校に合格する」「次の期末テストで85点以上取る」といったものです。

テストを目標に設定するなら点数を明確化すべきです。たとえば、英語80点、数学85点、社会90点、国語は苦手だけど頑張って75点といった具合です。

短期目標は「今週はこの課題を終わらせる」といったものです。

## 時間よりも内容重視

勉強計画というと、何時から何時まで勉強するといったタイムスケジュールをイメージするかもしれません。しかし、時間をかければ学力が伸びるわけではありません。大切なのは、勉強したことをどれだけ理解できたかです。時間よりむしろ「教科書の何ページの内容を理解する」など、勉強内容を重視した計画を立てましょう。

子どもにとって、得意な教科や好きな教科の勉強は手を付けやすいので優先して計画に入れがちです。しかし、得意教科は伸びしろが小さいのです。90点の得意教科を95点にするよりも、50点の苦手教科を80点にするほうが伸びしろが大きいということです。伸びしろが大きい苦手教科や苦手分野に取り組んだほうがテストの総合点が伸びることに留意しましょう。

ただ、勉強が嫌いな生徒は好きな教科から入るべきです。まずは**机に向かう学習習慣をつけることが大事**だからです。

最初に好きな教科をやって、次に苦手教科を入れて、また好きな教科をやるといったサンドイッチ作戦を取り入れるなど、勉強しやすい計画を立てるといいでしょう。

**苦手科目を優先して計画に入れる。**

19

# 見返す価値ある情報を記録「岡崎式ノート術」

## ノートは手段であって目的ではない

なぜ、勉強するときにノートを取るのでしょうか？　次の3つの目的があります。

**1　情報を記録するため**
**2　自分の考えを整理するため**
**3　見返して記憶を定着させるため**

実は「ノートに頼らず、自力で思い出すほうが記憶に定着しやすい」という研究結果があります。しかし、「思い出す」にも、きっかけが必要です。だからこそ、ノートに情報を記録することによって、記憶する「きっかけづくり」をするのです。

とはいえ、子どもは何をノートに取って、何を取らなくていいかがわかりません。私は授業中、「これは書かなくていいよ。なぜかといったら教科書に載ってるから」と伝えます。先生が板書したことをそのまま写しても、教科書に書いてあることなら意味がありません。教科書のほうがきれいにまとめられています。

大人は打ち合わせのときなどに大事なことや忘れてはいけないことをメモします。

勉強のノートもこれと同じです。テストに出る大事なところや覚え方、考え方など、見返して価値のある情報を記録することが大事です。

ノートの活用方法は教科によっても異なります。どの教科においても、授業があった日の寝る前に3分でも5分でもいいので「今日はこんなことをやったな」と授業のノートを見返すといいでしょう。それが記憶の定着につながります。

英語の場合はその日に習った英単語を見返したり、その日に覚えきれなかったリストなどを1日の最後に確認するのもいいでしょう。

数学の問題を解く際は「情報を整理するための場所」「答えをまとめるための場所」「計算するための場所」という3つに分けると思考を整理できます。

社会や理科の場合、授業で使うノートとは別に、テストに出る大事なところを自分なりにまとめた「まとめノート」をつくるのがおすすめです。たとえば社会の歴史分野なら、時代の流れを絵や図を使ってノートにまとめれば、自分なりの参考書が出来上がります。子どもの努力の結晶であるまとめノートは、高校受験の試験会場に持って行けばお守り代わりにもなります。

## きれいなノートの落とし穴

ものすごく小さな字でびっしり書かれていて、さらに色とりどりのペンで彩られている——これは、几帳面な生徒にありがちなノートです。これでは、きれいなノートをつくること自体がゴールになってしまっています。

実際、中学教師時代にノートを書くのに自宅で3～4時間かける生徒がいました。学力アップにつながらない美しいノートづくりがゴールになってしまったのです。

**ノートづくりが作業になってしまうのも要注意です。**よくあるのは、ノートを先生に提出しなければならないからと、英単語をひたすら書いてノートを埋めるパターンです。英単語の勉強をするならば、自分で単語テストをして、できなかった単語だけを練習すると効果的です。

**ノートは学力アップのための手段にすぎないことを意識する。**

# 20

# 五感を使った自分なりの暗記法を見つける

## 自分の暗記力をわかっていないお子さんが多い

勉強に暗記はつきものですが、多くのお子さんはどのくらいで定着するかをわかっていません。英単語1つにしても、1回書けば覚えるお子さんもいれば、10回かかるお子さんもいます。

英単語や漢字は、まず自分がどのくらい書いたら覚えられるかを自分自身で把握することが大切です。10回書けば覚えられるのに、9回で終わってしまってはもったいないです。あとたった1回書けば自分のものになるのに、それをわかっていないと覚えられずに終わってしまいます。

暗記の際は、**五感を使うほうが記憶に定着しやすい**といわれています。目で見て、口で声に出して、それを自分の耳で聞いて、手で書いて覚えるのです。

高校生くらいになるといろんな勉強法を試す生徒がいます。たとえば「散歩しながら」「ハンドグリップで握力を鍛えながら」「ごはんを食べながら」といったやり方です。これらも五感を使った暗記法といえるでしょう。

暗記は、机に向かっている時間以外のすき間時間でもできます。

小さな単語カードに書きうつして、通学の移動時間に暗記している生徒もいます。今はスマホアプリを活用してもいいでしょう。脳は鍛えられるので、暗記を繰り返すと暗記力はアップしていきます。

自分なりの小テストをつくるのもおすすめです。中学生なら夕方、部活動から帰ってくるのが18時~18時半です。帰宅後、すぐに15分くらいで15~20個の単語を必死に覚えるのです。その後、食事や勉強、入浴などを経て、寝る15分前に自分なりの小テストでどのくらい覚えているかをチェックします。20問中14問覚えられていたなら、残り6つを10回書いて寝ます。昨日は14個だったから今日は15個をクリアしようと、ゲーム感覚でできます。

大切なのは「意味のあること」だと意識することです。脳は賢いので、意味があること、大事だと思うことほど記憶します。「今からやることは自分にとって重要なことだ」と暗示をかけながら暗記するのです。

## 暗記だけでは通用しない時代

今の高校・大学入試の問題は、親御さん世代が学生だったころとは変化しています。かつては暗記していればある程度は得点できましたが、今は暗記したことをどう活用して表現できるかが問われています。思考力、判断力、表現力が求められるのです。

また、高等学校の学科においても「科学探究科」「ビジネス探究科」などの探究というワードをよく耳にするようになりました。一つ一つの本質を高校生のうちに理解して、未来につなげる学習内容になってきています。

暗記して勉強した気になった生徒がテストで思うような点数を取れないのは、実践が足りないからです。単に知識を暗記するだけではなくて、実力テストや模試などで腕試しして、**アウトプットする力を伸ばす**ことが大切です。

暗記した知識を活用・表現する力をつけるよう導く。

# 21

# 復習のタイミングを間違えない

## 1カ月後には79%を忘れてしまう！

私は小さいころ、親に『般若心経』を覚えさせられました。来る日も来る日も般若心経を読んだ結果、40年経った今でもそらんじています。覚えては忘れ、覚えては忘れを繰り返していると、記憶は定着するのです。

「エビングハウスの忘却曲線」というものがあります。

これは、ドイツの心理学者ヘルマン・エビングハウスが人間の記憶について唱えた学説です。それによると、最初の20分で忘れるのが42%です。英単語を20個覚えたとしても、20分後には8個は忘れてしまうということです。

さらに、1時間後には56%、1日後には74%、1週間後には77%、1カ月後には79%忘れてしまいます。

しかし、忘却曲線を見るとわかるように、早いタイミングで繰り返し復習をすることによって記憶が定着していきます。

つまり、**知識の定着は、繰り返し復習しているかどうかにかかっています。**

## エビングハウスの忘却曲線

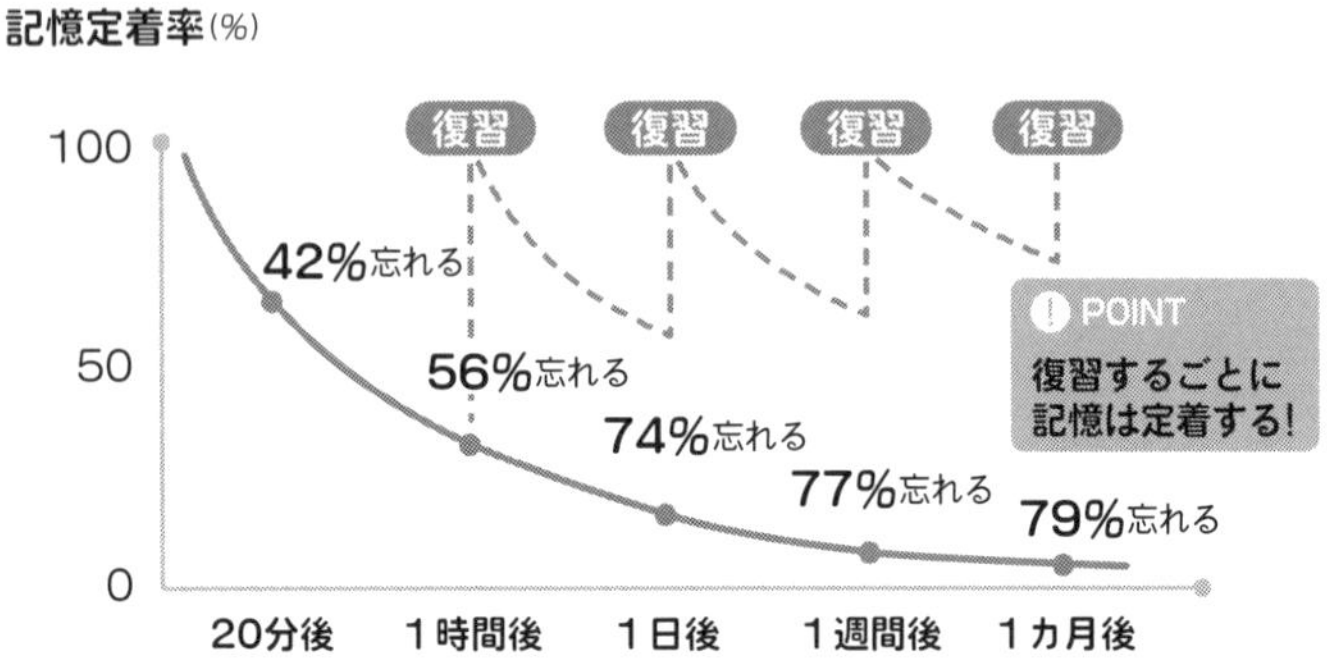


たとえば英単語なら、勉強が苦手な生徒は3回くらい書いて「もう無理」とあきらめてしまいます。個人差はあるとは思いますが、あきらめずに繰り返し復習すれば学力はアップするのです。

私は、自分の興味があることと、嫌々覚えることとでは、このグラフが変わると思っています。やらされていることや嫌なことは、もっと早めに手を打たないと忘れてしまうのではないでしょうか。

# 小学校と中学校の大きな違いとは？

小学校では、計算ドリルや漢字ドリルの宿題が出ます。お子さんたちは必然的に毎日復習せざるをえません。

ところが、中学校では「定期テストまでにワークのこの範囲をやっておきましょう」「テストが終わった日にワークを提出してくださいね」と、締め切りのスパンが長いのです。だから計算ドリルや漢字ドリルから解放されて、毎日の復習をしなくなってしまう生徒が出てきます。そうなると、定期テストの点数を取れず、提出物すら出せず、内申点が悪くなるという悪循環に陥ります。

中学生になったら、先生に宿題を出されなくても、自分で毎日少しずつ復習することが大切です。

**覚えては忘れかけの繰り返しで知識を定着させる。**

# 22

# レベルに応じて勉強法を進化させる

# まずは学習習慣をつける

復習が大事だとわかっていても、いざ始めようとすると、何をどうすればいいのかわからないお子さんもいるでしょう。

勉強のやり方はお子さんの目標値によっても異なります。

先ほど、すでに知っている英単語をただ書くだけでは学力は上がらないと述べました。しかし、まったく学習習慣がついていないお子さんなら、机の前に座って5分でも10分でも勉強することがスタートラインです。せっかくやる気になったのに、効果的な勉強法を考えていては始められるものも始められなくなってしまいます。

まずは、英単語を繰り返し書くだけでも、教科書をワークに写すだけでもかまいません。教科書を見ずにワークをやるとなると、授業内容を覚えていなければ書きようがありません。英語なら、知らない単語はいくら考えても書けません。答えを見ながら書き写すなら抵抗感なく始められるでしょう。

まずは毎日机に向かって勉強する習慣をつけることが第一です。

## 点数を取れる勉強法へ移行する

家できちんと勉強する習慣がついているのに、思うようにテストの点数を取れないお子さんがいます。きれいなノートをつくって、きれいにワークを仕上げていて、きちんと勉強時間を確保している生徒によくあるパターンです。この原因は、学力が伸びる勉強の仕方になっていないことです。

机に向かって勉強する習慣がついたら、ワンランク上の効果的な学習法に移行しましょう。

教科書を見ながらワークをこなせば学習習慣はつきますが、学力は大きくは伸びません。それではカンニングをしているのも同然だからです。

**教科書を見ずにワークを解いて、自分ができるところとできないところを見極めるようにします。**そのうえで、できないところを徹底的にわかるようにします。

この方法を始めると、子どもはすぐに学力が伸びます。勉強時間を増やさなくても、やり方を少し変えるだけで子どもの学力は伸びるのです。

## 定期テストで100点を目指すには？

ワークの効果的な使い方を会得したお子さんは、学力がグングン伸びていきます。しかし、ワークをこなすだけでは、定期テストで100点は取れません。先生は、そう簡単に100点は取れないように問題をつくるからです。

100点を取るには、応用力をつけるためのプラスアルファの勉強が必要です。

まず、**教科書を端から端まで読むこと**が大事です。どこから出題されても解けるようにします。さらに、担当教科の先生がつくられた過去の問題を分析して、テスト対策するのも1つの方法です。その分析というのは、公立中学校であれば先生によってテストのつくり方が変わります。教科書からの出題が多いのか、ワークなのか、授業のプリントなのかなど、今までのテストを見ておくことです。

**子どもの目標値に合わせた勉強法で学力アップ。**

# 23

# 中間と期末、それぞれのテスト対策

# テスト前は平日3～4時間勉強する

中学生なら、内申点がその先の高校進学に大きな影響を及ぼします。それだけ重要な内申点は、定期テストの結果によって左右されます。ここでは私がおすすめする定期テスト対策法をご紹介します。

対策期間は、**5教科の中間テストは10日前から、実技教科を含めた9教科の期末テストは14日前から**です。

「英語の日」「数学の日」「国語の日」「理科の日」「社会の日」を設定して、1日3～4時間集中して1教科を勉強します。なぜなら「この教科は完璧」という達成度合いがわかりやすく、達成感を味わいやすいからです。

土日は午前中を無駄にせず、最低6時間は勉強したいものです。

中間テストの場合、前半の5日間で5教科を1教科ずつ復習し、後半の5日間は苦手教科や苦手分野などに柔軟に使っていきます。

期末テストの場合、最初の４日間で実技４教科をすべて復習します。実技教科の暗記分野は徹底して事前にやっておくことです。テスト前日だけでは納得のいく点数を取れません。残りの10日間は、中間テストと同じ使い方です。

また、テストのスケジュールが月火水、水木金、木金月では対策方法が異なります。月曜日からテストなら、土日にしっかりと時間を取れます。水曜から始まるなら、直前に時間を取りにくいです。このあたりも考えて計画を立てましょう。

テスト前日にやってはいけないのは、不安になってあれこれ手を出すこと。次の日の教科だけに集中したほうがいいと思います。

徹夜しての一夜漬けもやめたほうがいいです。本番での集中力が落ちてしまいます。6時間くらいは寝たほうがいいので、たとえば朝6時に起きるのであれば夜12時くらいまでは勉強してOKです。

定期テストの問題は、親世代とは変化しています。

英語なら、以前は教科書に載っている文章が出題されました。しかし最近は、読んだことがない文章が出題されることが増えています。知識を活用する力が問われるようになってきたのは、高校入試の問題と連動する傾向です。

## 1日1教科ずつ完璧になるまで仕上げていく。

24

# 見える化した目標を設定する

## What、Why、When、Howを考える

私は中学校の野球部の顧問をしていたとき、土日の練習は何時までというゴールを必ず設定していました。そうしないと、部員たちは「今日の練習は何時に終わるんだろう……?」と、どこまで頑張ったらいいのかわからずに不安になるからです。ペース配分もわかりません。人はずっと頑張れるわけではありません。たとえば、「今日はお昼の12時半まで」とわかれば、部員たちは集中して頑張れます。

勉強でも、定期テスト前や長期休み前には目標を立てなければ、漠然と過ごしてしまうことになりかねません。

目標を立てるコツは「What、Why、When、How(何をしたいのか、なぜなのか、いつまでなのか、どうやってなのか)」を見える化することです。

たとえば社会なら、

What：歴史を復習、テストで80点以上取る

Why：歴史が足を引っ張っているから
When：夏休み終了時
How：歴史の教科書を1日20ページ読み、夏休みに3回読む
といった設定です。Whatの「テストで80点以上取る」という目標は子ども自身が立てられますが、WhenやHowは子どもだけでは難しいです。親御さんがサポートして見える化してあげるといいでしょう。

## 成功確率が50%くらいの目標が最適

WhenやHowを設定するためには、SMART（スマート）というフレームワークを使います。

**Specific：具体的で**
**Measurable：測定可能で**
**Achievable：達成可能で**
**Related：（最終目的に）関連していて**

## Time-bound：締め切りがある

ここでポイントになるのは2つです。1つは測定可能であることです。「歴史を頑張る」ではなく「1日20ページ」と測定できるようにします。

もう1つは、達成可能であることです。無理のない範囲の目標にしないと、長続きしません。

アメリカの心理学者アトキンソンの研究によると、成功確率が50％程度の目標設定のとき、最もモチベーションが高まるそうです。本人が達成可能だと思えるレベル感に設定しましょう。親からすると、「そんなに目標が低いの？」とつい口を出したくなりますが、そこはこらえどころです。

実際に、親がこのSMARTの観点に沿って目標設定をサポートした結果、お子さんの勉強量が増えて実力がついたケースがありました。ぜひ目標設定をサポートしてあげてください。

**測定可能な目標を無理のない範囲で設定する。**

# 25

# 心の中やまわりの環境も整える

# 多面的な役割を演じられる親になる

友達関係で悩んでいる。体調不良が続いている。部活動でうまく結果が出せない。親同士がよく喧嘩をする。かわいがっていたペットが死んでしまった。

さまざまな原因があると思いますが、心を強く痛めるようなことがあっては、勉強を頑張ろうにも頑張れません。

親御さんはつい「そんなこと言ってないで、勉強しなさい」と言ってしまいがちです。その前に、まずは**「そんなこと」を解決したほうがいいことがある**のです。それがお子さんのモチベーションアップへの近道です。

お子さんが親にはバレたくない悩みを抱えていることもあるでしょう。兄弟や友達、先輩、塾の先生、あるいはスクール・カウンセラーなど、誰でもかまいませんが、お子さんが悩みを打ち明けられる人がいることがとても大事です。

親御さんの力量も問われます。母親なら、お子さんにとって友達的な存在なのか、お母さん的なのか、指導者的なのかによって、距離感が異なるでしょう。

友達的な母親には悩みを打ち明けやすい反面、距離が近い分、指導されても内容が頭に入らないことがあります。逆に、指導者的な母親には悩みを打ち明けにくいかもしれませんが、指導された内容が頭に入りやすいのです。

親としては、友達的、お母さん的、指導者的といった多面的な要素のある大人になっておくのが理想的です。

## 子ども部屋でもリビングでもOK

集中して勉強できる環境があるかどうかも重要です。**小学校高学年くらいになったら1人になれる空間をつくってあげたほうがいい**と思います。部屋をつくれないのであれば、パーテーションやカーテンで仕切るだけでもかまいません。

「子ども部屋とリビングのどちらで勉強したほうがいいのか」と保護者の方からよく質問されます。勉強するなら、どちらでもいいと思います。

私は姿勢も大事だと思っています。姿勢が悪いと酸素が脳に行き届かず、眠くなったり、集中力が低下したりします。酸素をたくさん取り入れられる姿勢で勉強しましょう。勉強中の姿勢は、顔と机の距離を30センチくらい離すのが理想的です。

試験本番は静かな空間で、BGMが流れていません。音楽を聴くのはどちらかというとリラックスするときです。音楽を聴きながら勉強するのはやめたほうがいいというのが私の考えです。ただ、アスリートが試合前に集中するために音楽を聴いているように、音楽を聴いてモチベーションを上げてから勉強するのはかまいません。

スマートフォン問題に頭を抱えている親御さんもおられるでしょう。

中学生になると、今はほとんどがスマホを持っています。中学生にスマホを持たせるときは、ルールづくりが肝心です。「夜9時以降は使わない」「子ども部屋に持って行かない」など、親子で話し合ってお子さんが決めるといいでしょう。

## 子どもが勉強しやすい環境づくりは親の役目。

# 26 学力を上げるには「習慣」が大事

Q 勉強するといってても何をどうすればいいの?

A 最も大事なのは「勉強する習慣」をつけることです。まずは、短期目標と長期目標をつくりましょう。そうすれば、何をすればいいのかわかりますし、何のために勉強をするかが可視化され、モチベーションがアップします。そのうえで、テスト対策などを進めるといいでしょう。

また、環境と心のケアも忘れずに行ってください。環境を整えて、心を落ち着かせていないと、勉強の効率は下がってしまいます。

# 第4章

# 教えるのが上手な人の共通点

# 27

# 親が先生役だと子どもは自立しない

## 日本人はほめるのが下手!?

経済協力開発機構（OECD）による2022年の国際的な学習到達度調査によると、日本は科学的リテラシーが2位、読解力が3位、数学的リテラシーが5位でした。日本の子どもたちの学力は、世界トップクラスを維持し続けています。

ところが、大人たちから「日本の子どもは勤勉だ」「日本の子どもは賢い」という声は聞こえてきません。子どもたちは、ほめられなければ自己肯定感が上がりません。

実際に、日本の子どもたちの自己肯定感は先進国の中でも最低レベルだといわれています。

日本は、**ほめるのが下手な国**なのです。

こんなに優秀な日本の子どもたちの親御さんがやるべきことは明らかです。それは、お子さんの良さを見つけて、ほめてあげることです。そうすれば、お子さんの自己肯定感がもっと上がっていくはずです。

## 親は「先生役」にならない

たとえばゴルフに行ったとき、上手でもない友人から「グリップの握り方が違う」「体重移動ができてない」と細かく指摘され続けたら、あなたはどう感じますか？きっと、レッスンプロでもない友人にあれこれ言われることが不快でしょう。イライラが生じてトラブルになるかもしれません。友人には友人としての、レッスンプロには先生としてのそれぞれ役割があるのです。

これと同じように、親御さんは本来、先生のようにあれこれ細かく指導しないほうがいいと思います。

親御さんが先生役になってしまうと、学校と同じ状況が家庭内でも生まれかねません。それではお子さんの心が休まる場所がなくなってしまいます。

親御さんは先生になって子どもの欠点を見つけて指摘するのではなく、**良さを見つけて、言語化して、ほめてあげる**のです。子どもは自分を肯定されればされるほど、自信を持てるようになり、自己肯定感が高まります。

家はお子さんにとって心が安らぐ場所です。良い親子関係とあたたかい空気感があることによって、お子さんは自立していきます。ところが、親御さんが「ああしろ」「こうしろ」と細かく指導してしまうと、お子さんにとっては負担になるだけです。

結局、親に言われなければ動けない子どもになってしまいます。

親御さんが関われば関わるほど、お子さんはかえって自立できなくなるのです。

親は先生ではないということを強く自覚する必要があります。


「親の愛情とあたたかいご飯とあたたかい布団があれば子どもはちゃんと育つ」

私が中学校の教師になったとき、何度もこのフレーズを耳にしました。私もその通りだと思います。

## 自己肯定感を高めてあげると自立する。

28

# 自己研鑽して常に自分をアップデート

# 親も毎日54分は自己研鑽に充てる

「やってみせ　言って聞かせて　させてみて　ほめてやらねば　人は動かじ」

これは、元帥海軍大将の山本五十六が残した名言としてよく知られています。

私は最初の「やってみせる」ことがとても大事だと思います。

勉強に関してやってみせるとは、**大人も学ぶ**ということです。

私は、教育者ならもっと自己投資すべきだと考えています。1日24時間で、睡眠時間が6時間だとすると、起きている時間は残り18時間です。この18時間のうち10%、1時間50分くらいを学びの時間に充てるべきだというのが私の考えです。

教育者は何百という子どもたちと接しますが、親という立場であればわが子だけに集中できます。だから18時間のうち10%とまではいかなくても、最低でも5%、54分は勉強の時間に充てたいものです。

お金に換算すると、年収500万円の親御さんであれば、その5%で年間25万円くらいは自己投資に充てるということです。

自分自身をリフレッシュして、知識をアップデートし、常に新しい自分に出会うようにしたほうがいいと思います。

ところが、自己研鑽は緊急性がないため、みんなあと回しにしがちです。なかなか時間をさいて学びません。今日、本を読まなくても、今日、勉強しなくても生活していけるからです。それではお子さんの手本になれません。

勉強する内容は何でもかまいません。もちろん、自分の好きなことでも問題ありません。教育に興味があるなら、教育について学ぶこともいいと思います。**親御さんの学んでいる姿、新しいことに挑戦している姿がお子さんの心に大きく影響を与えます。**

## 親世代の受験常識は通用しない

親が子どもだった時代と比べると、入試制度も教育内容も大きく変化しています。

たとえば、2024年の私立大学入試では、総合型選抜（AO入試）と学校推薦型での入学者が全体の56・1％を占めました。かつては大学受験といえば一般入試を受けるのが主流でしたが、今は半数を切っています。

先ほど触れたように、親御さんはお子さんに教えたがります。たとえば、野球経験のある父親はお子さんに野球を教えようとします。親御さんがお子さんにアドバイスすること自体が悪いわけではありません。しかし、道具の進化もあり、野球の投球やバッティングの理論は20年前、30年前とは変わってきています。親御さんが自分の固定観念で教えることが、かえってお子さんの上達を阻んでしまう恐れがあるのです。

しかし、大人は自分の固定観念を変えたがりません。自分の考えを正しいと思って生きてきていることが多いからです。

教育を取り巻く環境は、親御さんが自分の経験だけでは語れないくらい変化しています。変化の速い時代だからこそ、親御さんも常に情報をアップデートし、正しい情報を見極める力を付けて、お子さんに間違ったことを教えてしまわないようにしたいものです。

## 教育は親の古い常識だけでは語れない。

29

# できないという思い込みが可能性をつぶす

## 「できない」という思い込み

サーカスの象は、小さなころから鎖につながれて逃げられません。象は大人になって、鎖を杭ごと引き抜く力を得ても、逃げようとはしません。これは「サーカスの象理論」と呼ばれています。

ノミは体長の150倍の高さまで跳べるそうです。しかしノミをビンに入れてフタをしておくと、飛び跳ねてもフタにぶつかってしまいます。これを繰り返しているうちに、フタを開けてもノミはフタの高さまでしか跳ばなくなっているそうです。

「自分はできない」と思い込むと、できることもできなくなってしまう実験例は、ほかにもたくさんあります。哺乳類も昆虫も「ここが限界」だと思い込むと、それ以上チャレンジしなくなってしまうのです。

子どもも例外ではありません。「できない」「無理」と思った瞬間、本当はできることもできなくなってしまいます。

子どもが「できない」と思う大きなきっかけになるのが親御さんの **「あなたには無理でしょ」という声掛けです。**

「あなたはそんなことできないいんじゃないの?」

「そうかな……」

そんな親子の何気ないやり取りが、お子さんの可能性の芽をつんでいるのです。

子どもは親に「無理」と言われると、「やめておいたほうがいいよね。無理だよね自分なんか」というマインドになってしまいます。

たとえば、親御さんが「この子は人見知りだから」と言っていると、お子さんは「自分は人見知りなんだな」と思い込み、本当に人見知りになってしまいかねません。

最近の子どもたちは「人に勝ちたい」「何位に入りたい」という気持ちが弱いという話をしました。「どうでもいい」「何でもいい」という姿勢の子どもが多いです。これは、親御さんを含めたまわりの大人たちがそうさせているのではないでしょうか。

親の言動や行動は、子どもに対する影響がとても大きいです。親の言動や行動が子どもの限界ラインを上げることもあれば、下げてしまうこともあります。

## 届くか、届かないかを目標に

だからといって、お子さんの限界ラインを上げれば上げるほどいいというわけではありません。

ラインを上げすぎると、子どもは頑張っても手が届かず、つらくなってしまいます。**「届くかな、届かないかな」そんなラインを設定する**のが大事です。親御さんが一方的に決めるのではなく、親子で一緒に話し合って決めるといいと思います。

限界ラインというとマイナス表現なので、お子さんと話すときは目標値や目標設定と表すといいでしょう。

「どうせうちの子なんて」とは言わない。

# 30

# 緊急か重要か、タスクを振り分ける

# やるべきことの優先順位をつける

次のページの図を見てください。A「緊急かつ重要」、B「緊急ではないが重要」、C「重要ではないが緊急」、D「緊急でも重要でもない」の4つの箱があります。

仕事ができない人は、この4つの箱のうちC「重要ではないが緊急」なことにまず手を出してしまいがちです。今やるべき重要なことをあと回しにして、重要ではないけれど、簡単にできることに手を出してしまいます。

それが終わったら、次にBの「緊急ではないが重要」なことを始める人もいます。緊急かつ重要なことをあと回しにした結果、トラブルを招いてしまうのです。

子どもも、勉強が苦手だとC「重要ではないが緊急」なことに手をつけてしまいがちです。なかには、D「緊急でも重要でもない」ことを先に始めてしまう子どももいるでしょう。

中学生なら小テストや提出物、定期テストはA「緊急かつ重要」なことです。あと

## 緊急度と重要度のマトリクス

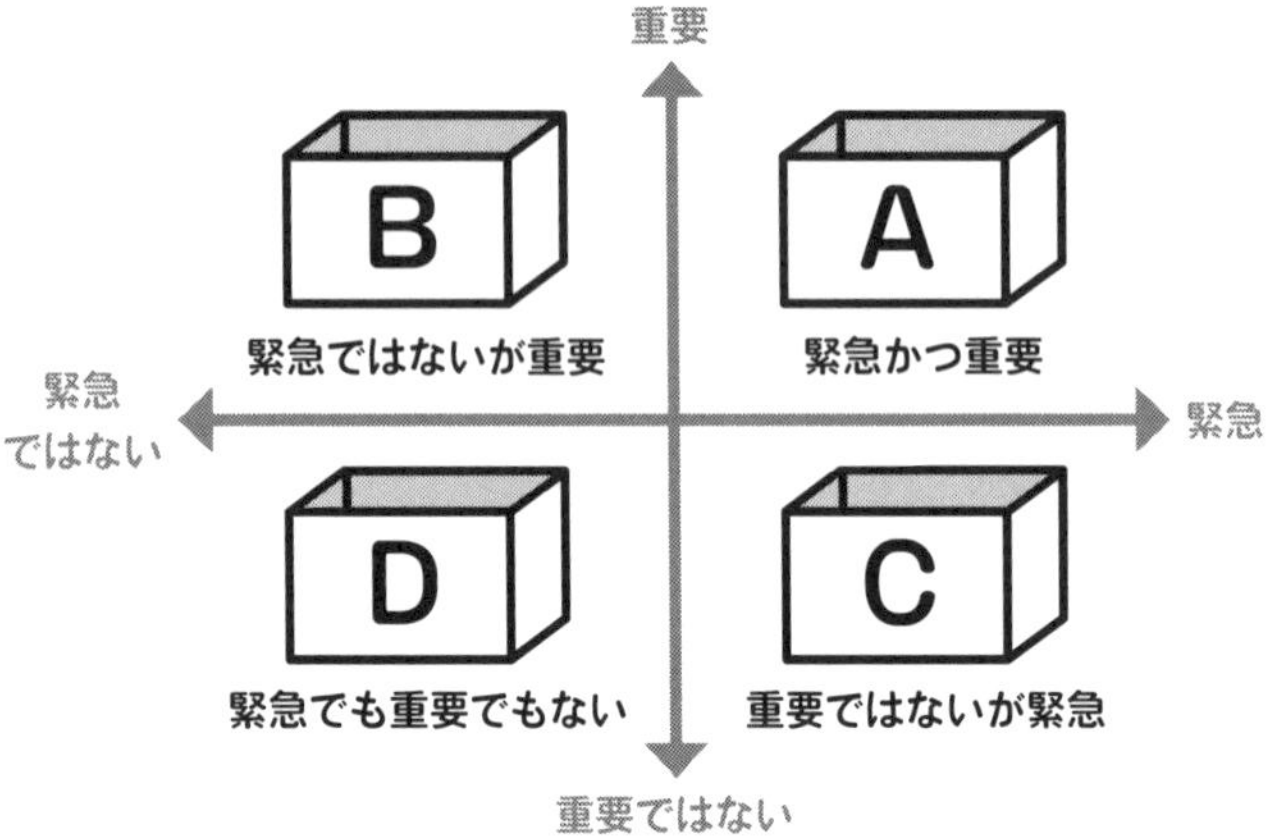


回しにせずに手を付けなければなりません。高校入試はB「緊急ではないが重要」なことです。

子どもは重要度に関わらず、得意教科からとりかかって、苦手な教科をあと回しにしがちです。得意教科はC「緊急ではないが重要」なこと、苦手教科の克服はA「緊急かつ重要」なことです。

まずは、**子どもがやるべきことの優先順位をつけることが大切**です。

4つの箱をつくって、子どものタスクを1回放り込んでみるといいでしょう。

とはいえ、子どもが自分で自分のタスクを4つの箱に割り振るのは難しいかもしれません。放り込むタスクを自分で見つけること自体、簡単ではありません。そこは親御さんがサポートしてあげましょう。

頭の中だけで考えるのは難しいので、紙に４つの箱を描いて、タスクを書いた付箋をつけていくといいかもしれません。ビジネスパーソンが付箋にタスクを書いて、パソコンにペタペタ貼っているのは、まさにタスクと優先順位を見える化するためです。勉強はもちろん、部活動や習い事、ゲームなども含めてタスクを洗い出しましょう。

たとえば、本気でサッカーのクラブチームに入っている中学生にとって、サッカーは「緊急かつ重要」なことかもしれません。では、ストレス発散のためのサッカーであればどうでしょう。状況によっても変わるので、じっくり検証してみましょう。

この振り分け作業をしているとき、もしかしたらお子さん自身が「ゲームって緊急でもないし重要でもないな」と気づくきっかけになるかもしれません。

## 何が緊急で重要なことかを改めて確認する。

31

# 親子でつくった
# ルールなら
# 子どもは守る

## 家庭のルールは親が一方的に決めない

「ゲームは夜９時まで」
「ＬＩＮＥ以外のＳＮＳアプリはダウンロードしない」
「友人は部屋に入れる前に親に紹介する」
「スマホはリビングのみで使用する」

など、各家庭にはルールがあることでしょう。
ところが、せっかくつくったルールが守られなくなることはありませんか？
ルールづくりには次の２つの基本があります。

**ルールづくりの基本１：親が一方的に決めない**

ルールをつくるときは、必ず子どもの意見も聞きましょう。親子で話し合って、お互いが納得したルールにすることが重要です。

## ルールづくりの基本2：ペナルティを同時に決める

もしもルールを破ったらどんな罰が与えられるかわからない、という恐怖で支配するのは健全とはいえません。逆に、ルールを破っても親の機嫌が良ければ許されるなら、ルールをつくった意味がありません。ルールをつくるときには、破ったときのペナルティも同時に決めましょう。

お互いに話し合って時間をかけてルールをつくっても、子どもが破ってしまうこともあります。子どもがルールを守れないのは、次の3つの理由があります。

## 守れない理由1：ルールを覚えていない

子どもは「ルールを破ってやろう」という悪気を持っていないことがほとんどです。ルール自体を忘れてしまっていることが多いのです。そうならないように、決めたルールを子どもに書かせて、リビングなどの目につくところに貼っておくといいでしょう。子どもがルールを繰り返し認識する機会をつくる工夫が必要です。

**守れない理由２：親子の信頼関係ができていない**

親が「どうせ守れないだろうけど」と思っていると、それが態度や言葉に表れてしまうものです。子どもが何度もルールを破ったとしても、「どうせ守れないだろう」と高をくくったスタンスでは臨まないことです。

**守れない理由３：ルールに納得していない**

親が一方的に決めたルールに対して、子どもが心の底から納得していないことがルール破りの原因になっていることがあります。親子で話し合って、お互いに納得したうえで決めたルールであれば、こうしたことは起こりにくくなります。

子ども部屋やスマホを与えるときは、ルールづくりが肝心です。親子で話し合って納得できるルールを決めてください。

**家庭のルールは子どもが納得したものにする。**

# 32

# コメント力で子どもからの信頼をアップ

## 優れたコメンテーターとは？

テレビのワイドショーやニュースに出てくるコメンテーターは、政治から経済、スポーツまでさまざまな話題についてコメントを求められます。優れたコメンテーターは、自分の感想や意見だけではなく、出来事の背景や過去の事例、具体的なデータ、実体験などを絡めながらコメントします。

しかもコメント力が高い人は、話が簡潔で短いです。ダラダラと話していては相手に言いたいことが伝わりません。日ごろからたくさんの情報をインプットするとともに、適切な情報を瞬時に引き出し、要点をまとめてアウトプットする力が必要です。

私たちはコメンテーターではありませんが、それでもお子さんと接するとき、インプットしたことをお子さんにわかりやすくアウトプットできることが大切です。そうしないと子どもは話を聞いてくれません。たとえ聞いてくれても、頭には残りません。

たとえば、子どもから「今年の流行語大賞は何だと思う？」と聞かれたら、「去年は野球用語だったから、今年は〇〇じゃないかな」と、はっきりとした根拠や数字を示しながら瞬時に返せるようなコメント力が求められるのです。

## つまらない話を糧にする裏ワザ

コメント力を高めるためにはどうしたらいいのでしょうか？　私が心がけていることの1つは、**人の話を聞くとき、インプットモードと同時に、アウトプットモードにすることです**。ただ何となく話を聞くのではなく、「自分が話すならどうするか？」を考えるようにしています。

私は外部の講演会や勉強会によく足を運びますが、時には「この方の話は面白くないな」「得るものが少ないな」と思うことがあります。

そのときはアウトプットモード全開に切り替えます。

「つまらないから寝よう」ではなくて、「自分だったらどう伝えるか？」「自分だったらこういう流れで持っていくのにな」と思考しながら聞くのです。

そうでもしないと、つまらなくて寝てしまうというのもありますが、せっかくの時間を有効に活用してコメント力を伸ばすためです。

面白い講演会のときでも、自分の知識を増やすためだけではなく、誰かに伝える前提で聞くようにしています。自分が生徒たちに話すときに取り入れられる話題を探ったり、話の流れのつくり方を参考にするなどして、自分の話し方が上達するように心がけています。

コメント力が高くなると授業で生徒たちの食いつきが変わってきます。「この先生、すごい」と、尊敬されるようになるのです。

私は「らしさの追求」と呼んでいます。

先生は、子どもたちに「へ〜」「そこまで知ってるんだ!」と言わせてなんぼです。

教師らしさ、講師らしさを追求することが大切です。

親御さんも、お子さんからいろんなことを質問されるでしょう。気の利いたコメントができれば、お子さんの親御さんを見る目が変わるかもしれません。

## アウトプットを意識しながらインプットする。

33

# 子どもの自己成長をサポートする

## 生徒に恥ずかしい思いはさせない

子どもたちは、わかっていないのにわかった素振りをすることがあります。その理由は大きく2パターンです。

1つは、「わからないと思われたくない」「恥ずかしい」という思いから、わかっていないのに、わかったふりをするパターンです。

もう1つは、わかっていないのに、わかった気になっているパターンです。

わかったふりも、わかったつもりも、わかっていないのは同じことです。そうした生徒には、その場で問題を解かせたり、説明させたりします。そうすれば、わかっているかどうかはすぐにわかります。

生徒にはわかっていないことに危機感を抱かせたいのですが、「わかっていないよね」「できていないよね」というワードは使いません。生徒が恥ずかしい思いをして、自信を失うだけだからです。

**わかっていないことを指摘するにしても、できたことをまずほめてからにしています。**

生徒に対する声掛けは、相手のタイプによって変わります。

意識が高く、学力も高い生徒は「すごいね！」と言われたら白けるだけです。「わかって当たり前だよね」「次行くね、どんどん行くよ、君はできるから」といった声掛けをすると、できる生徒はその気になります。「自分はできると思われているんだ」と、自己肯定感も上がるでしょう。

一方で、勉強が苦手な生徒の場合、この1問をきっかけにして理解度を高めてほしいというここぞというとき、オーバーにほめます。「そうか！　もうそこまでできたか。早いな」「OK、OK。英語が今後伸びていく感じで書けてるよ」といったように。子どもに「そうなんだ」「これでいいんだ」「このまま頑張ればいいんだ」と思わせるのです。

わかっていないことを指摘するときは、生徒に恥ずかしい思いをさせないように「ここまでOK？　ほんまに？」と冗談っぽく軽い感じで言うようにしています。

# 勉強のチェックは先生に任せる

家庭では、親御さんが「ここまで大丈夫、できた？」とは言わないほうがいいと思います。できているかどうかのチェックは、親御さんではなくて学校や塾の先生の役割です。お子さんに危機感を抱かせるのは、学校や塾に任せたほうがいいでしょう。

親御さんは「できたの？」とお子さんを問い詰めてばかりいると、親子関係にほころびが生じかねません。お子さんが安心できる場所もなくなってしまいます。

親御さんは、勉強ができたかどうかチェックするのではなく、お子さんと仲良くして、子どもが喜ぶような楽しい話をしたほうがいいと思います。

親御さんは、できないことをできるようにするティーチングではなく、自己成長をサポートするコーチングに徹したほうがいいでしょう。

**ティーチングではなくコーチングが親の役目。**

# 34 やり方を教えるのではなく、やってみせて導く

**Q** 効果的な指導方法はありますか？

**A**

効果的な教え方は「やってみせる」ことです。やり方だけを手取り足取り教えていると、お子さんは同じ方法ばかりで教えてもらいたがります。なぜなら、そのほうが簡単だからです。効率的ではないかもしれませんが、やってみせるほうがためになる指導法なのです。

やってみせるには、自分自身も研鑽を積み続けることが重要です。お子さんと一緒に学び続けるということが大切なのです。

やるべきことの道筋もお子さんと一緒に探してあげるほうがいいでしょう。

# 第5章

# いい先生、いい指導法とは

# 35

# 勉強だけではいい先生になれない

## 子どもの気持ちがわかる先生とは？

学校の先生は、子ども時代、まじめに勉強してきた方が多いです。

中学校や高等学校の先生なら、英語でも数学でも、自分が好きな教科の楽しさを子どもたちに伝えたいと思って教職の道に進んだ方も多いでしょう。勉強を苦手とするお子さんにも、自分が好きな教科の面白さを伝えたいと強く思っていたはずです。

しかし、多くの先生が「やればできる」人生を歩んできたので、「やってもできない」お子さんの気持ちがわかり難いところがあります。そもそもやろうとすらせず、勉強に背を向けるお子さんの気持ちを理解するのは相当難しいです。

一方で、子ども時代に勉強を苦手とし、成績も良くなかったけれど、努力して学力を伸ばして大学へと進み、教員免許を取って先生になった方もなかにはいます。そうした先生は、勉強を苦手とするお子さんの気持ちが痛いほどわかります。

教師は**子どもの心に触れ「子どもの心をくみとる」ことが必要**です。教師として指導に必要な技術や知識の面ばかりを重視していると狭い範囲でしか物事をとらえられなくなります。また、教師としての目からしか子どもを判断できなくなります。成績優秀者やおとなしく言うことを聞く子どもが良い生徒で、個性が強く自己主張が激しい子どもはダメな生徒ということになってしまうのです。中学生という自己の確立がされていない年齢の子どもにとって、学力の伸びは子どもの心に起因しています。教師にとって何よりも必要なのは子どもの心に触れることなのです。

自己の青春期において悩み苦しんだ経験がある人、子どもと同じ目線で考えることができるやさしい心を持った人こそが「いい先生」なのです。

日本と違い、アメリカなどの先生は勉強を教えるだけで、基本的に生活指導はしません。生活や心理面のケアは、スクール・カウンセラーなどが担当します。しかし、日本の先生は生活指導どころか、学校外の生徒のトラブルまでフォローするのです。だから、小中学校の先生は、学力よりもむしろ人間的な豊かさが求められます。

## 自分が本気で接するから生徒も本気になる

生徒は子どもである前に、一人の人間です。よく教師（大人）を見ています。一緒にいてくれる時間が長い教師ほど、深い関係を築く教師になります。たとえば部活動の朝練でも、開始前から教師はそこにいるべきです。そうすることで子どもたちは「先生は本気で接してくれている」と感じ、信頼関係はぐっと深まります。

また、私が教師をしていたときは授業を行った教室から職員室に戻るまでに、最低でも10人の生徒に声掛けをしようと決めていました。生徒と近いところにいることで、生徒の変化に気が付き、生徒からのサインの見落としを避けることにつながります。

**本気で接しないと、生徒も本気になりません。**

先生は「先に生きる」と書きます。先に生きている者として、子どもたちから相談を受けたとき、的確なアドバイスができる存在であるべきです。学校現場は忙しすぎて難しい面がありますが、先生も外に出て、人に会って、いろんな世界に触れ、多様な経験をして、知見を広めたほうがいいと思います。

## 人間的に豊かな先生はいい先生になれる。

# 36

# 気がつく先生が本当にやさしい先生

## 厳しさの裏にある本当のやさしさ

自分の小中学校時代を振り返ってみてください。先生にやさしくほめられたことよりも、厳しく叱られたことのほうが強く記憶に残っているはずです。今は体罰は絶対にいけませんが、私が子どものころはまだありました。悪いことをして、先生にビンタをくらったときのことは忘れられません。先生の厳しさから学ぶことが多いのです。私は中学教師時代、こわい先生ではなく「厳しい先生」と言われたいと思っていました。

自分が厳しい先生と思われたくても、生徒がやさしさを感じ取ることがあります。なぜ、生徒はやさしいと感じるのでしょうか？

この生徒は厳しく叱ってもいいのか、それとも叱らないほうがいいのか。この生徒はどんな叱り方をすればいいのか。生徒の気質を見極めて、目配り、気配り、気遣いができる先生に対して、生徒は「あの先生、やさしいな」と思うのです。

これが「やさしさの正体」ではないでしょうか。ただ甘やかすだけがやさしさではありません。

私自身、生徒にどう厳しく指導するか、失敗しながら学んできました。

中学教師になって1年目に水泳部を担当したときのことです。水泳を本格的にやったことがありませんでしたが、若かった私はやる気満々でした。私は「みんな、これをやったら絶対に速くなるよ」と言って、野球部と同じようなハードな筋トレを課しました。最初の1～2日はよかったのですが、だんだん女子生徒たちが文句を言い始め、遂に私を無視するようになりました。あれはつらい毎日でした。もちろん練習方法を変えましたが、一度失った信頼を取り戻すのは容易ではありません。この経験から、**目配り、気配り、気遣いの大切さ**を学びました。

## 厳しくなくても生徒は静かになる

塾と違って、学校には勉強が得意な生徒、勉強が苦手な生徒、集団で行動するのが苦手な生徒など、多様な生徒がいます。

学校の先生は、こうした多様な生徒たちと向き合わなければなりません。うるさい生徒に厳しくもすれば、勉強したい生徒に理論的なことも話します。硬軟織り交ぜて指導しなければなりません。

子どもは常に大人を試してきます。「この先生なら、ここまでやっても怒らないかな」と、探りを入れてきます。A先生の授業はぴしっと受けて、B先生の授業ではざわつくということもあります。

厳しくなくても、授業で生徒たちをひきつけて静かな空間をつくれる先生もいます。なぜなら、授業力があるからです。

授業が下手な先生には、子どもは「わかりにくい」と言ってついていきません。先生の授業力はクラスの成績にも顕著に表れます。

本当にいい先生は、厳しいだけでも、やさしいだけでもなく、授業力が高いのです。

## いい先生は本当のやさしさと授業力を持っている。

# 37

# 「わかった？」と聞いてはいけない

# 「わかった?」という言葉に潜む危険

「わかった?」

教える側が、つい言ってしまうひと言です。

子どもが「わかった」と答えることで、先生は安心感を覚えて、次の問題に進むことができます。先生は「わかった?」と聞いて、生徒に「わかった」と言ってほしいのです。

「わかった?」と聞かれたとき、わからなければ「わからない」と素直に返せる子どももなかにはいます。しかし、ごく少数です。

「わからない」とは言えない子どものほうが圧倒的に多いです。わかっていなくても、わかったふりをするのです。

あるいは、自分がわかっているのかわかっていないかすら、わかっていない子どもも少なくありません。

先生に「わかった?」と聞かれたら、反射的に「はい」と答えてしまう子どもが多いのです。**そこには「本当はわかっていない」という危険が潜んでいます。**

生徒たちが本当に理解しているのかをきちんと確認しないと、わかっていない状態のまま、授業が次の内容に進んでしまいます。歴史は流れがわからないとただの暗記になってしまいますし、英語や数学は知識を積み上げていく教科です。1学期の内容を理解していないと、2学期の内容を理解できません。中1の内容を理解していないと、中2の内容を理解できないのです。

英語や数学では、わからないまま次に進んでしまうと、のちの勉強に深刻な悪影響を及ぼしてしまいます。

## 生徒に口頭で説明してもらう

生徒がわかっていないのに「わかった」と答える問題の解決策は、極めてシンプルです。

生徒に口頭で説明してもらえばいいのです。そうすれば、理解しているかどうかを確認できます。あるいは、類題を解かせてもいいでしょう。

生徒同士で確認し合ったり、教え合ったりといったアクティビティを入れるのも効果的です。**インプットだけでなく、アウトプットもするということです。**

よく「わかるとできるは違う」といわれます。

インプットは武器を持っていること、アウトプットは武器を使うことです。

武器を持っていても、使い方を知らなければ意味がありません。しかし、持っているだけで満足することがあります。子どもはインプットだけでは理解しません。アウトプットの場面をうまくつくって、先生が理解度を確認すればいいのです。

わかったかどうかをチェックするのは生徒本人ではありません。先生の役目です。

生徒の「わかった」という言葉を信じないわけではありませんが、先生がその言葉に安心して次に進むべきではありません。

先生は「わかった?」と聞いてはいけないということです。


**理解度を確認するには、アウトプットさせる。**

# 38

# ゴールを意識して
# ステップを
# つくっていく

## ゴールを意識させる

私は学期はじめの3～4月に子どもたちに必ず問い掛けることがあります。それは「何のために勉強しているのか?」。ゴールを意識させるためです。

中学生からは「将来、仕事に就くため」「高校に受かるため」「お金持ちになるため」といった答えが返ってきます。生徒たちは自分で考えた学ぶ目的というよりも、きっと親御さんに言われたことを私に話しているのでしょう。

子どもは親御さんの考えに強く影響されます。親御さんは、お子さんから「なぜ勉強しないといけないの?」と聞かれたときに、しっかりと自分の考えを伝えられるようにすべきだと思います。

「高校に受かったらどんないいことがあるのか?」「A高校に行ったらどんなことを学ぶことができるのか?」「この職業に就いたらどんなことができるのか?」といったことを、学校も塾も親御さんも、もっと子どもたちに伝えるべきです。子どもたちは、大人を通して知ることが多いからです。

とくに田舎の子どもたちは、都会の子どもたちと比べると、いろんな職業や人に出会う機会が少ないです。だからこそ、「こんな職業がある」「こんな大人がいる」ということを子どもたちが小中学生のうちからたくさん伝える必要があるのです。

**大きなゴールをお子さんと一緒に考える時間をつくりたい**ものです。

## 目標達成のための小さなステップ

「鍛錬千日、勝負一瞬」という言葉があります。徳島県の池田高校野球部を3度の甲子園優勝に導いた高校野球を代表する名将、故・蔦文也監督の言葉です。

1000日は約3年。高校3年間毎日練習しても、高校球児のゴールである甲子園での勝負は一瞬で決まってしまいます。

中学生なら、3年間コツコツと積み重ねた勉強の成果を出すゴールである高校入試も一瞬です。その一瞬で結果を出せるように勉強しなければなりません。

「A高校に行きたい」という生徒に対して「じゃあ、どんな成績の生徒がその高校に行くの?」と聞くと、答えられないことが多いです。親から「良い高校だから」と言われているだけだからです。

A高校に入るために、各教科の成績をどれくらい上げなければならないのかを考えられる生徒はごく少数です。

A高校がゴールだからといって、いきなり学力を合格レベルに引き上げることはできません。小さなステップに分解して、一つ一つクリアしていくことで、合格に近づいていきます。

この小さなステップの設定を自分一人でつくることのできるお子さんは少ないです。大人がサポートしなければならないのです。

たとえば、頑張れば80点は取れるお子さんがいるとします。しかし、最初から80点を目標に設定すると、結果的に70点しか取れません。100点を目指すからこそ、80点や90点が取れるのです。適切な目標設定がお子さんの能力を大きく伸ばします。

## 目標を分解してステップをつくるサポートをする。

# 39

# 勉強版PDCA
# 計画↓予習↓
# 授業↓復習

## 勉強のPDCAを書き出してみる

PDCAという言葉を目にしたことがあるかもしれません。

Plan（計画）＝ゴールと現状の差を埋める計画
Do（実行）＝達成手段を細分化して実行
Check（確認）＝目標の達成状況の確認
Action（改善）＝合理的・効率的な方法を考える

このPDCAのサイクルを回していくことによって業務を改善していくのがビジネスでは一般的な手法です。

先ほど述べたように、ゴールと小さなステップを設定するPlanは親御さんのサポートが欠かせません。

これをさらにかみ砕くと、次のような流れになります。

**1 ゴール設定**
**2 現状との差を把握**

**3　課題を抽出**

**4　解決策の立案**

**5　順序と対策**

**6　1〜5で考えた施策を実行**

**7　状況の振り返り**

**8　7で浮かびあがってきた問題を改善**

こうしたプロセスを実際に書き出してみることで、課題を客観視できたり、新たな発見があったりします。

## 予習が自信につながる

子どもにとってのPDCAは勉強計画→予習→授業→復習のサイクルです。

ただ、自ら授業の予習をしている中学生はほとんどいません。高校では予習が必要な教科がありますが、中学校の授業は基本的に予習を前提にはしていません。そもそも、予習→授業→復習のサイクルを自分で回せる中学生はまずいません。

だからこそ、私の塾の集団授業ではあえて予習スタイルを取り入れています。学校の授業よりも2週間くらい先取りをしているのです。

というのも、塾で一度やったことをもう一度学校でやることによって、勉強が苦手な生徒も学校の授業がよくわかるようになるからです。生徒たちは学校の授業で自信が芽生えて、「自分はできる」という自己肯定感が高まっていきます。

授業のあと、自宅でさらに復習しないと自分のものになりません。そのために宿題があるのです。復習のタイミングは94ページで説明しました。

この勉強のＰＤＣＡサイクルを回すことによって、学力は大きく伸びていきます。

なかでもとくに大事なのは授業に集中することです。なかなか家で勉強する時間を確保できない生徒が多いからです。私は生徒たちに「学校や塾の授業の45分、50分を大事に使おう」と言っています。授業中にボーっとしたり、寝たりしては力がつくわけがありません。授業を中心にＰＤＣＡサイクルを回すようにしたいものです。

## ＰＤＣＡサイクルを回せば学力は大きく伸ばせる。

# 40

# 塾選びの3つのポイント

## 質の高い講師がいる塾を見極める

小中学生の親御さんなら、お子さんの塾選びで頭を悩ませている方が多いでしょう。それでは良い塾とはどのような塾でしょうか？　講師の質が高いことが絶対条件です。講師の質の高さは次の2つの要素から成り立ちます。

1つは、生徒が抱える苦手の根本原因を突き止める「課題分析力」です。苦手の原因は生徒によって違います。ただ教材に沿って画一的に指導しているだけでは生徒の学力は伸びません。

もう1つは、お子さんの成長に本気でコミットしてくれる「熱意」です。

ただ、課題分析力と熱意がある講師がいるかどうか、外からはなかなか見えません。そこで、良い塾かどうかを見分ける簡単なチェックポイントを紹介します。

### 1　スタッフが元気で明るいか？

生徒にとって環境の良い塾は、講師やスタッフにとっても働きやすいものです。講師が心身ともに充実した状態であれば、明るく元気に指導することができます。

逆に、労働環境が悪かったり、経営状態に余裕がなかったりすれば、講師が疲労してしまいます。講師の様子をチェックして、暗くて覇気がないと感じられる塾は避けたほうがいいでしょう。

## 2 校舎や教室の清掃は行き届いているか？

教室が清潔に保たれているかもチェックしておきたいポイントです。塾長（教室長）が余裕をもって運営している塾であれば、教室は常に清潔で、生徒が気持ち良く利用できる環境になっています。

教室が汚れてそのままになっているような塾だと、塾長（教室長）の指導が行き届いていなかったり、そもそも清掃する余裕がなかったりする可能性があります。私が全国の学習塾を見学に行く際は、トイレと傘立てを見るようにしています。トイレの清潔感は、教室内の環境と関係します。また、傘立てに古い傘がずっとあるような学習塾は何もアップデートされていないことでしょう。

## 3 掲示物やブログが更新されているか？

掲示物やブログがきちんと更新されているかも塾を選ぶときのチェックポイントです。古い掲示物や記事がそのままになっている塾は、定期的に入試情報を発信しようという意思がないため、良い塾とはいえません。

掲示物から塾の指導方針もうかがえます。たとえば、毎月のテスト結果を張り出している塾では、常に生徒同士を競い合わせるやり方だと考えられます。

個別指導と集団指導のどちらがいいかも気になるでしょう。授業をきちんと聞けるお子さんなら集団指導がおすすめです。やる気があれば集団指導のほうが伸びます。

しかし、あまり勉強に対してモチベーションが上がらないお子さん、授業を聞けないお子さんは個別指導で講師がずっと横についていたほうが効果が高いと思います。

お子さんと塾の相性もあります。最終的には、お子さん自身が「この塾で勉強したい！」と思える塾を選ぶといいでしょう。

**塾選びではスタッフや清潔さ、掲示物をチェックする。**

# 41

# 塾は子どもを評価せず応援する

# 学校と塾の役割の違いとは?

学校教師と塾の先生には、決定的な違いがあります。それは、通知表をつけるかどうかです。学校は生徒を評価するところでもありますが、塾は生徒を評価しません。通知表もつけません。塾は生徒を応援するところです。

そもそも、学校と塾では、役割が異なります。

**お子さんが学校に行く目的は「基礎学力と教養に加え、社会性を身につけること」です。一方で、塾に行く目的は「とにかく学力を上げること」なのです。**

学校教師は単に子どもたちの学力を伸ばすだけでなく、社会性を身につけさせることも求められます。学習指導にとどまらず、生活指導や給食指導や人間関係づくりなど、総合的に人間教育を行っていきます。

人間の体感時間は0歳から20歳までの20年間と、20歳から80歳までの60年間は同じとされています。小学校から高校まで合わせて12年間。物心がついてから20歳までのうち、かなり多くの時間を学校で過ごすことになります。この時期に人とどう関わるかは学校で学ぶ一番大切な点です。

学校教師と塾講師では、評価のされ方も異なります。私が働いていた予備校では、生徒アンケートが評価の対象になっていました。このアンケートではランキングが出ます。授業はすべて録画もされていました。学校現場では生徒からの評価はほとんどありませんが、予備校講師は常に生徒の評価にさらされていました。

もちろん一般企業のように社内の上司からの評価もあります。そこで高い評価を受け、出世したいと思う人も多いはずです。ところが、学校現場では校長や教頭になる、つまり出世をしたがらない教師が少なくありません。常に現場で生徒たちと接していたいと考える教師が多いのです。

このように、学校教師と塾講師では評価のされ方、考え方が大きく違うので、当然、役割も変わってくるのです。

## 学校は無理でも「塾なら行く」という子も

塾講師の仕事は学力を伸ばすことに尽きますが、塾が学力だけをカバーしているかといえば、そうとも限りません。

今、不登校の小中学生が約30万人にのぼっています。中学生では約17人に1人が不登校です。クラスに1~2人は不登校の生徒がいるイメージです。

実は、学校には通えなくても、塾には顔を出せるお子さんもいます。不登校のお子さんが勉強したり、外出したりするきっかけに塾がなっていることがあるのです。

ほとんどの親御さんは、わが子の成績を上げてほしくてお子さんを塾に通わせます。しかし、お子さんの居場所や何かをつかむきっかけとしての役割を塾に期待している親御さんもいます。

私自身、塾長として生徒たちの学力を伸ばすことが最大の使命ですが、勉強を通して忍耐力や想像力を伸ばすことも意識しています。目の前の勉強だけではなく、社会に出てから活躍する人材を育てたいという思いがあるからです。

## 塾に通知表なし。子どもをひたすら応援する。

## 42 いい先生は子どもに寄り添って指導してくれる人

**Q** どんな先生が子どもにとっていい先生？

**A** 　ひと言でいえば子どもに寄り添える先生です。子どもの心に触れ「子どもの心をくみとる」ことのできる先生が、本当にいい先生だといえます。勉強ができるかどうか、言うことを素直に聞くかどうか、そういったことだけで子どもを判断するのではなく、勉強が嫌いなら、なぜ嫌いなのかといったことに触れてくれるのがいい先生なのです。

先生というと、「勉強を教えてくれる人」と考えるかもしれません。もちろん、それが一番重要です。しかし、想像力や忍耐力などの人間性を高めてくれることも大切な仕事のひとつです。

# 第6章

# 勉強以外の成長のための学び

43

# 小さな選択の連続が未来をつくる

## 選択を変えれば、未来は変わる

「Life is a series of choices.（人生は選択の連続である）」

これは、ウィリアム・シェイクスピアの作品『ハムレット』でハムレット王が語った言葉です。

一説によると、私たち人間は1日に9000回〜3万5000回の選択をしているそうです。私たちは朝起きてから夜寝るまでの間に「どの服を着ようか？」「傘を持って家を出ようか？」「ランチは何を食べようか？」といった小さな選択を繰り返しています。この小さな選択一つ一つの積み重ねが今の自分という人間を形成しています。

自分が現在置かれている状況は**「過去の選択の結果」**といえるのです。

もし、現状に不満や不安を感じているならば、それは過去の自分の選択がつくりだしたものなのです。

過去の選択の繰り返しが今の自分ならば、今の選択の繰り返しが未来の自分をかたちづくります。

つまり、今すぐ未来を変えられるのです。「塵も積もれば山となる」ということわざがあるように、今の小さな選択の積み重ねが未来を大きく変えていきます。今、このときの一つ一つの判断が明日、1カ月後、1年後、そして10年後の自分の姿につながります。

選択するときに大切なのは、方向性です。

誰しも理想の未来があるでしょう。あるいは変えたい現状があるはずです。きちんと理想にベクトルを向けて選択していかなければ、理想の未来に近づけません。

その場しのぎの選択を何度繰り返したところで、物事が根本的に解決したり、人生が良い方向に向かうことはありません。

たとえば、大人なら、会社の飲み会に参加するかしないかも選択です。参加せずに、本を読んだり、セミナーに参加したりするという選択をした結果、飲み会でお酒を飲むよりずっと大切なものを得られることもあります。しかし、難しいのは参加しないことが正解とは限らないということです。今の自分自身の状況を考え、飲み会に参加して上司に普段言えなかったことが言えたり、仕事仲間の違う一面を知ることができ、今後のチームワークにつながることもあります。

惰性に流されたり、その場しのぎをしたりせず、日々の小さな選択のベクトルを変えていくことが自分の未来を変えるのです。

## 重要ではないことは切り捨てる

日々の選択のベクトルを変えていくコツは、重要ではないことは切り捨てる勇気をもつことです。簡単に言えば「やらないこと」を決めるのです。

人間の生まれつきの才能や処理能力には差がありますが、時間は誰もが平等に1日24時間です。有限な資源を有効に活用するために**「やらないこと」を決める勇気**をもちましょう。そうすれば、まだ選択の大切さに気づかず、重要ではないことを続けている人たちに大きな差をつけることができます。

**勇気をもって「やらないこと」を決める。**

# 44

# 本を読んで学び
# 人の話を
# 聞いて学ぶ

# 読書で伸ばす想像力

文化庁の「国語に関する世論調査」（令和5年度）によると、電子書籍を含めて1カ月に1冊も本を読まないと答えた人の割合が62・6％にのぼりました。読書離れが深刻です。

私の塾では、子どもたちに本を読んでもらおうと、おすすめの本コーナーをつくっています。そこには、先生たちが子どもたちに読んでほしい本を並べています。

なぜ本を読んだほうがいいのでしょうか？

はっきり言って、本を読めば国語力がつくかといえば、そんなことはありません。

**読書によって培われるのは、国語力というよりは想像力**です。

今の子どもたちは、目で見て得る情報が多いです。動画が最たるものです。

これに対して、読書は文字情報だけです。情景や著者の思考を想像しながら読みます。だから、想像力や発想力がつきます。ラジオで野球中継を聞いているとき、プレーのシーンを頭の中に思い描くのと同じです。

ただ、読書をすすめたからといって、子どもたちはすぐには読もうとはしません。子どもたちに人気のあるタレントやアニメキャラを引き合いに出して「あの人って読書家らしいよ」と伝えることがあります。

たとえば、大リーガーの大谷翔平選手が高校生のときに作成した「目標達成シート」は有名ですが、あれには「本を読む」と記されています。こうしたことを取りあげるなど、子どもたちに「それなら読んでみよう」と思わせるような工夫が必要です。

そもそも、子どもたちに読書をすすめるからには、大人たちも本を読まなければなりません。指導者は、生徒たちを指導するための武器を増やすうえでも読書が必要です。過去の実例やたとえ話を交えることによって、説得力が増します。

私は塾の先生たちにこれまで読んだ本の読み返しをすすめています。昔の自分が読んだときと、今の自分が読むのでは、感じ方や理解の仕方が変わるからです。自分はどうアップデートできているのか、どう成長できているのかを確かめるためには、本をもう一度読み返すことが役立ちます。

## 人の生の話に刺激を受ける

私は月1回くらいのペースで、東京や各地域で人気の学習塾に見学に行きます。塾経営で成功した方の話を聞いたり、塾の新しい教材・システムを学んだりするためです。自分が塾を経営しているなかで、いつの間にか忘れていたことを思い出したり、知らなかったことを学べたりできます。

私の塾では、スポーツ選手やお笑い芸人、医師、地元企業の社長さんなどを呼んで、お子さん向けの講演会を開いています。いろんな人たちの話から刺激を受けて、夢や目標をもつきっかけにしてほしいからです。第一線で活躍している人は、子どものころどんな夢を持っていたのか、どんなことに熱中したのかといった話から学べることがたくさんあるのです。

**読書で想像力が伸びる、人の話で夢がふくらむ。**

45

# 学ぶとは すぐれたものを 真似ること

## 〝完コピ〟が上達の最短ルート

欧米で流行っているビジネスをいち早く日本に持ち込む手法をソフトバンクの孫正義さんは「タイムマシン経営」と名づけました。孫さん自身、アメリカで流行り始めたインターネットビジネスをそのまま真似て日本に持ち込んで成功させました。スーパーもコンビニも、アメリカで流行ったものを日本に持ち込んでヒットしたビジネスモデルです。

スポーツの世界でも、たとえばプロゴルファーの松山英樹さんのスイングは、タイガー・ウッズの真似から生まれたそうです。

学ぶの語源は「真似（まね）ぶ」だという説があります。すぐれた人の真似をすることこそ、学ぶことなのです。

ビジネスやスポーツに限らず、**勉強も真似ることからすべてが始まります。**

私自身、予備校講師になった当初、人気講師の授業をそっくりそのままコピーしました。

平日の予備校の授業は夕方以降ですから、出社時間は13時30分でした。しかし、私は朝9～10時には出社して、誰もいない教室に1人こもり、人気講師の動画を見ながら真似しました。

人気講師の授業はとても面白くて、体が前のめりになるくらい引き込まれたものです。これを自分自身が実践できれば、生徒たちの心をつかんで人気講師になれると確信できるものでした。

私は何度も何度も繰り返し動画を見て、話し方も板書のやり方も〝完コピ〟しました。そして、実際に人気講師とまるで同じ授業を実践しました。

私は複数の校舎で教えていましたが、地域が変われば子どもの気質も異なります。「この教室ではうまくいったけれど、この教室では生徒たちの心に響かないな」というのがわかるようになっていきます。そこで地域性を踏まえて、人気講師のやり方に自分なりにアレンジを加えていったのです。1回目より2回目、2回目より3回目のほうが上手になっている実感をもてました。

すると、若手講師が80人くらいいましたが、生徒アンケートで私はトップ3に入るようになりました。

真似ることが上達の最短ルートであることを私自身も経験しているのです。

## 真似される側にも学習効果

生徒たちのなかにも、勉強ができる友達のノートの取り方や暗記の仕方を真似る生徒がいます。それによって成績が伸びていく生徒がいます。

逆に、真似される側の生徒が真似する側の生徒に教えることによって、さらに自分自身の理解度が深まるという側面もあります。

真似する側も、真似される側も、相乗効果で学力が伸びていくのです。

**できる人を真似して自分なりにアレンジする。**

# 46

# 1人のときでもマイナス発言をしない

## 「無理」と言った瞬間、無理になる

授業中、生徒たちがよく漏らすのが「え〜、嫌だ」「無理」というひと言です。すると、嫌だとは思っていなかったまわりの生徒たちにも「え〜、無理」と伝染していきます。

脳科学的には「無理だ」と思った時点で脳がゼロからマイナスの状態になっているそうです。無理と思ってからやり始めるには、マイナスの状態になった脳をゼロの状態に戻さなければなりません。この作業だけで精一杯になってしまいます。

ゼロから始めればすぐにプラスになるのに、やってもやっとゼロの状態では、かえって「自分はできない」と思い込んでしまいかねません。

それなら、プラスの状態からスタートするにはどうすればいいのでしょうか?

簡単です。**「自分ならできる」「本当にためになる」と自分に言い聞かせるだけでいいのです。**

生徒の「無理」という言葉を聞いたら、私はすかさず「自分の目標や夢を遠ざけてしまう言葉だよ。やる前から無理とは言わないようにしようね」と諭します。すぐには生徒を変えられませんが、諦めずに言い続けるしかありません。

家で1人でいるとき、どうしてもネガティブな思考になってしまうことがあります。しかし、「ダメだ」「無理」と口に出してしまうと、脳に「ダメだ」と刷り込まれてしまいます。

まわりに人がいるときはもちろん、1人でいるときもマイナス発言はしないほうがいいのです。

私の職場では、マイナス発言をしないのは社員の共通理解事項の1つです。子どもたちと同じようにマイナス発言は職場や生徒たちにも伝播してしまうからです。

お子さんは大人に指摘されなければマイナス発言を省みることはできませんが、親御さんはマイナス思考を自己分析すべきです。マイナス発言をしてしまった瞬間、「これはいけない」と立ち止まって、なぜその発言をしてしまったかを考えるようにしましょう。

お子さんに「無理」と言わないようになってもらうための最善策は、まわりの大人たちがマイナス発言をしないこと。親御さんは自分のマイナス発言がお子さんに伝染しないように気をつけたいものです。

## 子どものSOSの可能性も

子どもの場合、マイナス発言は心の状態が反映されている可能性があるので要注意です。体調や友達関係が良くないと、子どもはなかなかプラス思考になれません。

実は、マイナス発言は身のまわりの整理整頓ができていないお子さんに多いです。机の上は心の状態を表すといわれます。身のまわりが乱れているお子さんはストレスを感じている可能性が高いです。今まで明るく元気だったお子さんがマイナス発言をするようになっているなら、早めの心のケアが必要です。

**やる前から「ダメ」「無理」とは言わない。**

47

# 子どものできない理由探しは親が原因

# ほかの子どもと比べない

「できない理由を探す前にできる方法を考えろ」とよくいわれます。お子さんがすぐに「だって」「でも」と、できない理由を探すのが気になる親御さんもいるでしょう。お子さんのできない理由探しは、実は親御さんが失敗をとがめることが原因になっていることが多いのです。

できない理由をすぐに探すお子さんの親御さんが心がけるべきことは次の3つです。

**1 ほかのお子さんや兄弟姉妹と比べない**

親御さんの不安や心配は、ほかのお子さんと比較してしまうことから湧き出てきます。子どもは一人ひとり違う存在だということを常に意識しましょう。

**2 自分と比べない**

子ども時代に成績が良かった自分とわが子を比較して「何でできないんだ?」と思

いがちです。自分が成功したレールの上をお子さんにも歩んでほしいと考える親御さんもいるでしょう。逆に、自分が叶えられなかった夢をお子さんに託す親御さんもいます。

お子さんの幸せを願う親心から生まれる感情とはいえ、自分の尺度をわが子に押しつけないほうがいいでしょう。

お子さんの将来の幸せは、お子さん自身が自分の人生を通して見つけていくものです。時代が劇的に変化している今、大人の尺度や判断がこれからの世界でも通用する保証はどこにもありません。このことを親御さんは肝に銘じておきたいものです。

## 3 「まだ」と思う

お子さんが今できないからといって、将来もできないわけではありません。発達のスピードが速い子もいれば、ゆっくりのお子さんもいます。

わが子のことをふがいなく感じても、「まだできないだけ」「まだやりたくないだけ」と長い目で見てあげましょう。「もう少し練習すればできるかもしれない」と、目標や成功に到達するまでの道のりの一部だととらえるようにしてください。

## 挑戦や失敗の価値を伝える

ただし、お子さんができない理由を考えることがすべて悪いわけではありません。自己を理解している賢い子どもが冷静に判断して発言していることもあります。

しかし、常に「どうしたらやらなくていいか」とばかり考えていると、新しいことに挑戦できなくなってしまいます。「できない理由探し⇓挑戦しない」のサイクルに陥ってしまうのです。今も昔も授業中、手を挙げる生徒が少ないのは、失敗を恐れて挑戦しない子どもが圧倒的に多いからです。失敗したあとに「何くそ」と自ら行動する生徒なんて、ほとんどいません。大人が背中を押してあげないといけないのです。

挑戦することや失敗することがとても価値あることだとお子さんに伝えて、長い目で成長を見守ってあげてください。

**他人と比べず、長い目で成長を見守る。**

48

# 親だけは無条件の愛情で子どもを包む

## 子どもが引っ込み思案になる原因は？

授業中に手を挙げないといっても、そもそも性格的に引っ込み思案というだけなら、それほど気にする必要はありません。

しかし、お子さん自身が自分の性格について悩んでいるなら危険です。「何で自分はいつも友達の前で、自分の思いを伝えられないんだろう……」とマイナス思考になり、いずれ自分を責め始めてしまうからです。この状態が悪化すると、引きこもりやリストカット、不登校などにつながることがあります。

自分を責める状態が長期化すると、大人の引きこもりやニートになってしまう可能性すらあるのです。

それでは、どうして子どもは引っ込み思案になってしまうのでしょうか？

原因はいろいろあると思いますが、やはり一番大きいのが**「失敗体験」**です。

たとえば小学生のとき、授業中に発表したけれど、間違ってしまって友達からバカにされたとします。心が繊細な子どもは、こういった失敗体験を一度でもすると、心に大きな傷を負います。それで引っ込み思案になってしまうのです。

授業中の発言以外でも、友達や親御さんとの会話のなかで、子どもを引っ込み思案にしてしまう落とし穴がたくさんあります。

たとえば、「友達を遊びに誘ったのに断られた」「親に自分の意見を伝えたら頭から否定された」といった経験です。

## 子どもを否定しない

引っ込み思案の子どもを親はどうサポートすればいいのでしょうか?

### 1 否定しない関わり方をする

自分の意見が受け入れられなかったり、まわりからバカにされたりしたとき、子どもは心に傷を負ってしまいます。しかし、まわりの人たちはそんなことはお構いなしに子どもに接します。せめて、親御さんだけはお子さんのことを一切否定せずに関わってください。これを「無条件の愛情」といいます。

## 2 失敗が許される環境をつくる

お子さんにとって、家庭は無条件の愛情に満ちあふれた場所です。

お子さんが何かに失敗しても、それをすべて受け入れるのが家庭です。たとえば、子どもがキッチンでグラスを落として割ってしまったとしても、「次からは気をつけようね」と伝え、受け入れてあげてください。

家庭が失敗を受け入れないと、子どもは「失敗はダメなこと」という考えになります。すると、子どもは「自己主張をして失敗するくらいなら、主張しないほうがましだ」と考えるようになります。その結果、どんどん引っ込み思案になっていくのです。

社会で受けるのは条件つきの愛情です。失敗が許されるとは限らないのが社会です。だからこそ、せめて家庭だけは、無条件の愛情でお子さんを包んであげてください。

**せめて家庭のなかでは子どもを全肯定する。**

# 49

# 1人でも多くの大人に出会う大切さ

## 習い事をやめたいと言い出したら?

塾や習い事を始めたわが子が途中でやめたいと言い出したとします。

あなたなら、どのようにお子さんに声を掛けるでしょうか?

ついつい腹が立って、「入学金払って高い教材買ったのに」と言ってしまいがちです。「これまでいくらお金を使ってきたと思ってんの?」「あなたは飽きっぽいんだから」「いつも途中で投げ出すじゃないか」「こっちも送迎してやってんのに」と、**お子さんを責めてしまわないでしょうか。**

これらの言葉は、お子さんにとっては恐怖の記憶になって残ります。お子さんがチャレンジしようという気持ちを失わせてしまう恐れがあるのです。

「飽きっぽいな」という言葉を放つのはグッとこらえましょう。

まずは、通い始めたことを認めるべきです。「これまでよく頑張ってきたね。偉かったね」と、先ほど触れたように無条件の愛情で包んであげるべきです。

わが子がやめたくなった理由を探るのはそのあとです。

お子さんが単にサボりたいだけなのか？　それともお子さんは教室に居場所がなかったのか？　もしかしたら、友達関係でトラブルがあるのかもしれません。やめたい理由によって、対処法が異なります。

## 大人の集まりに連れて行く

しかし、頭では子どもを責めてはいけないとわかっていても、ついグチが口から出てしまうこともあるでしょう。

かつての日本の家庭には、常に子どもを無条件の愛情で包む人がいました。おじいちゃんやおばあちゃんです。叱られた孫にとって、祖父母はいつも味方になってくれる駆け込み寺的存在でした。目に入れても痛くないほどかわいい孫が叱られているのを見て、祖父母が「頑張ったもんね」「別のことをやればいいのよ」と慰めてくれたのです。

今でも地域によっては残っていますが、町内会や子ども会などの集まりでは、子どもたちは多様な大人たちと接する機会がありました。親御さんや先生とはまるで異なる価値観を持った大人の考えや失敗談を聞く機会があったのです。

しかし、核家族化や少子化の進行、共働き家庭の増加によって、子どもを取り巻く環境が大きく変化してきました。都市部では地域のつながりも薄れました。子どもが日常的に接する大人は親御さんと先生、友達の親御さん、それにスポーツのコーチや習い事の先生くらいです。

お子さんの成長には、**チャレンジ精神をかき立ててくれる大人に出会うことが大切**です。そのために、多様な大人と出会う場をつくってあげたいものです。

たとえば、親御さんが親戚や友人の集まりにお子さんを連れて行くのもいいでしょう。大人が参加するようなイベントに連れて行ってもいいです。何でもかまいません。

子どもは、1人でも多くの大人に出会ったほうがいいです。自らチャレンジしていたり、チャレンジする子どもたちの背中を押してくれるような素敵な大人と出会うチャンスをつくってあげたいものです。

## 多様な大人の価値観に触れさせる。

## 50 「生きる力」を子どもたちに

Q 勉強以外に子どもが学んだほうがいいものは?

A

子どもの学びというと、勉強がまっさきに頭に浮かびますが、高校、大学と勉強をする時期が終わっても人生はまだまだ続きます。人生100年と考えると、大学を卒業したとして、そこからさらに80年近く生きるわけです。ですから、生きる力を子どもたちには学んでほしいと思います。

なかでもチャレンジする力を育んでほしいです。そのためには、チャレンジをしている姿をたくさん見せてあげることが必要です。失敗をしてもいい環境をつくってあげることで、彼らを真似てどんどん挑戦させてあげるのが大切なのです。チャレンジを通じて、人生に必要な多くの学びを得られるはずです。

おわりに

# 指導者が幸せでないと、子どもを幸せにできない

学習塾を経営して子どもたちと接している私の願いはたった1つです。

子どもたちには楽しく充実した人生を歩んでほしいということです。

そのために、大人がもっと楽しく生きなければなりません。毎日働き、疲れることもあるでしょう。しかし、子どもの前で仕事の文句は言わないようにしたいものです。

「働くことって、面白いぞ」

親御さんには、そんな姿勢を見せてほしいと思います。一生懸命に勉強した先には、社会に出ると、もっと面白いことが待っていると感じさせてあげてください。

塾経営とは何かと問われたら、私は「人を幸せにすることです」と答えたいです。

人を幸せにする仕事を通して、自分自身も幸せを感じたいです。たとえ感じられない瞬間があったとしても、子どもたちの前では幸せを感じているように見せないと、目の前の子どもたちを幸せにできないと思っています。

## 背中を押し続けるのが教育

お子さんが自転車に乗る練習をしたときのことを思い出してください。

お子さんが乗った自転車が倒れないようにうしろから支えます。「ちゃんと支えているから大丈夫だよ」と声を掛けながら、お子さんに自転車をこがせます。勢いがついてきたら、そっと手を放します。ふらついたら、また支えてあげます。これを繰り返しているうちに、親御さんが手を放してもお子さんは自分でこげるようになっていきます。親御さんが前に行き引っ張っていては、お子さんはいつまで経っても1人で乗れません。うしろから支えて、押してあげて、そっと手を放してあげるような存在になってほしいと思います。そうすれば、お子さんは自立して自ら学び、自らの足で歩んでいきます。

本書をまとめることができたのは、予備校講師時代、中学教師時代、そして現在の塾の教え子たちのおかげです。

私は東京などに出張したとき、中学教師時代に担任をしていたクラスの教え子たちと会って食事することがあります。私が中学教師をしていたのは、もう10年以上前のこと。卒業生は社会人として立派に働いています。

教え子の結婚式に呼ばれることも少なくありません。塾経営者になってからも、塾の教え子たちがたくさん教室に顔を出してくれます。教え子たちが進学し、社会に出て活躍している姿を目にするのは、指導者冥利に尽きます。

私は、これまで教えてきた子どもたちからたくさんのことを学んできました。指導者は、教え子によってさらに成長させられるとつくづく思います。

最後までお読みいただきありがとうございました。

本書が、子育てに奮闘するお父さん、お母さんのお役に少しでも立てたなら、それ以上の喜びはありません。

2025年3月

岡﨑 正忠

**プロフィール**

**岡﨑 正忠**（おかざき・まさただ）

株式会社岡崎塾　代表取締役

1984年、兵庫県生まれ。大学卒業後、予備校に２年間勤務したのち、兵庫県の公立中学校にて英語教諭を７年間経験する。2015年、岡崎塾を設立。著名人を招いた特別講演会など学力とともに人間力を育てる教育が大きな支持を受け、児童数・生徒数が急増。短期間に兵庫県内に６教室を展開し、これまでに指導した生徒は１万人を数える。2022年には、美味しい食材を多くの人に食べてもらいたいという思いから、兵庫県加古川市に焼き芋スイーツ専門店「芋まさ」を開業。多方面で経営手腕を発揮している。

https://www.okazakijuku.com/

**子どもの未来のために 大人ができる 50 のこと**

2025 年 4 月 4 日　初版　第 1 刷　発行

著　　者　岡﨑 正忠
発 行 者　安田 喜根
発 行 所　株式会社マネジメント社
　　　　　東京都千代田区神田小川町 2-3-13
　　　　　M&C ビル 3F（〒 101-0052）
　　　　　TEL 03-5280-2530（代表）FAX 03-5280-2533
　　　　　https://mgt-pb.co.jp
印　　刷　中央精版印刷株式会社
デザイン　熊谷 有紗（オセロ）
Ｄ Ｔ Ｐ　三協美術
校　　正　文字工房燦光

---


ISBN978-4-8378-0534-2　C0037
定価はカバーに表示してあります。
落丁本・乱丁本の場合はお取り替えいたします。